AuPair? - Au weh!

von Mony Mürr

Sonderausgabe 2023

Über die Autorin:

Mony Mürr ist, wie Millionen anderer Frauen auch, eine berufstätige Hausfrau, Mutter und Familienmanagerin. Ihr Leben verlief reibungslos, bis die beste Tagesmutter der Welt beschloss, in den wohlverdienten Ruhestand zu gehen und Mony die Idee hatte, ein AuPair in die Familie aufzunehmen.

Diese Idee bescherte der Autorin nicht nur Märthe, sondern auch eine Schrei(b)-Therapie sowie eine ungeplante Karriere als Hobby-Autorin, denn

Mony suchte eine Kinderbetreuung, aber Märthe sucht einen Mann.

AuPair? - Au weh!

Ein Gastspiel in drei Monaten

von Mony Mürr

© 2018 Mony Mürr

ISBN Softcover: 978-3-7469-9344-7
ISBN Hardcover: 978-3-7469-9345-4
ISBN E-Book: 978-3-7469-9346-1

Druck und Distribution im Auftrag der Autorin:
tredition GmbH, Heinz-Beusen-Stieg 5, 22926 Ahrensburg,
Germany

Cover : Canva

INHALTSANGABE

Vorbemerkungen

Das ist jetzt also unsere Geschichte ...

Anstelle eines Epilogs

Vorbemerkungen

Warum ich dieses Buch geschrieben habe?

Vorstellungsgespräche sollen dem Arbeitgeber helfen, herauszufinden, ob der Bewerber die gestellten Anforderungen erfüllt und in die Firma und zur Belegschaft passt. Dabei kann auch überprüft werden, ob die bei der Bewerbung gemachten Angaben stimmen, indem man zum Beispiel einen Einstellungstest durchführt oder einen Probearbeitstag anbietet oder fordert.

Bei der Auswahl eines AuPairs gestaltet sich dies schwieriger, da man sich nur per Facebook, Mail oder bestenfalls per Skype austauschen kann. Auch wenn die Fotos, die Bewerbungsunterlagen und der erste

(Fern)Eindruck noch so gut sind, kauft man doch „die Katze im Sack", wie die schöne Redensart lautet, oder etwas netter ausgedrückt, ein „Überraschungs-Ei". Die Werbung verspricht, in jedem siebten Ei sei etwas Besonderes dabei – oder so ähnlich. Nun, unser Ei war Nummer Sieben und die Überraschung/Verblüffung/ Enttäuschung über die Besonderheiten war groß.

Aus diesem Grund ist dieses Buch entstanden.

In Anlehnung an Friedrich Dürrenmatts tragische Komödie „Der Besuch der alten Dame" hatte ich mir ursprünglich „Besuch einer jungen Dame- Eine komische Tragödie" als Titel ausgesucht. Da ich aber nicht weiß, inwieweit dieser Titel die komplizierten Urheberrechte verletzt, sei dies nur am Rande erwähnt.

Für mich war das Schreiben der Episoden eine Art Schreib-Therapie zur Stressbewältigung, der Versuch, den Tag schreibend statt schreiend zu bewältigen. Es ist ein Erfahrungsbericht geworden, der zum Teil überzogen wirken mag, aber im Großen und Ganzen hat es sich so zugetragen wie beschrieben – oder schlimmer.

Trotzdem möchte ich ausdrücklich betonen, dass es sich hierbei um eine einzelne private Tragödie/Komödie handelt, quasi um ein „Einzelschicksal".

Dieses Buch sagt nichts aus über die Arbeit all der anderen AuPairs weltweit!!!

Ich kenne einige Gasteltern und AuPairs, die auch Jahre und Jahrzehnte später noch Kontakt haben und sich gerne gegenseitig besuchen.

Diese Erzählungen haben mich erst auf den Gedanken gebracht, ein AuPair in unsere Familie aufzunehmen.

In der Theorie war dies die optimale Lösung für unsere Familie, in der Praxis allerdings war es ein völliger Fehlschlag.

Visa-Probleme

Nachdem wir Märthe nach intensiver Suche in den Weiten des AuPair-Marktes gefunden hatten und die Verträge alle unter Dach und Fach waren, hat die ganze Familie ungeduldig auf die Ankunft unseres neuen Familienmitglieds gewartet.

Dann der Schock, als das Visum nicht bewilligt wurde!

Die Begründung der Botschaft lautete, aus Märthes Antrag sei nicht ersichtlich, warum ein AuPair-Aufenthalt in Deutschland für ihre weitere Lebensplanung von Bedeutung sei.

Zunächst war ich fassungslos. Die Botschaft verweigert einer Germanistik-Studentin das Visum? Nachdem Märthe mir aber eine Kopie ihres Antrags gemailt hatte, konnte ich die Begründung der Botschaft nachvollziehen: „Ich möchte mit Kindern spielen und ihnen Geschichten erzählen" ist eine recht dürftige

Erklärung. Das kann sie auch auf ihrer Insel, dazu muss sie nicht unbedingt nach Deutschland fliegen.

Da wir aber unbedingt Märthe als AuPair haben wollten, habe ich den folgenden Brief an die Botschaft geschickt:

Sehr geehrte Damen und Herren,
wie wir gestern von Frau Sch. erfahren haben, wurde ihr Antrag auf ein AuPair-Visum abgelehnt.
Dies hat uns sehr bestürzt, da Märthe (so nennen wir sie) im Laufe der Wochen, während wir auf das Visum gewartet haben, bereits wie ein Familienmitglied für uns geworden ist. Obwohl wir uns noch nicht persönlich getroffen haben, haben wir doch regelmäßig Kontakt über Skype, E-Mail und die sozialen Medien.
Für unsere beiden Söhne ist sie mittlerweile die große Schwester geworden, auf deren Ankunft

sie sich sehr freuen und mit der sie schon viele Pläne haben. Dementsprechend groß ist jetzt die Enttäuschung in unserer Familie über den Ablehnungsbescheid, gegen den wir hiermit Einspruch erheben.

<u>*Unsere Remonstration begründen wir wie folgt:*</u>

In Ihrer Ablehnung verweisen Sie darauf, dass „ein konkreter Zusammenhang zwischen Märthes persönlicher Lebensplanung und dem AuPair-Aufenthalt" nicht festzustellen sei, was uns sehr erstaunt hat.

Märthe studiert Germanistik an der Universität ihres Heimatlandes und lernt Deutsch am Goethe-Institut, da ihr Berufsziel Deutsch-Lehrerin ist. Deshalb ist es für ihre berufliche Weiterentwicklung durchaus von Bedeutung, das Land, die Kultur und die Sprache, die sie später einmal ihren Schülern vermitteln will, aus erster Hand kennenzulernen, zu

„erleben". Diese Möglichkeit hat Märthe durch einen AuPair-Aufenthalt in Deutschland, bei dem sie als ein Teil unserer Familie auch das Alltagsleben in einer anderen Kultur erfährt und unser Land „hautnah" und nicht nur aus Büchern und Filmen kennenlernt.

Auch ist das Erlernen einer Sprache unter Muttersprachlern wesentlich einfacher und effizienter, als dies stundenweise in einem Sprachkurs möglich ist. Trotzdem wird Märthe auch in Deutschland weiterhin einen Sprachkurs besuchen, um neben der gesprochenen Sprache auch ihre Kenntnisse in Rechtschreibung und Grammatik zu festigen bzw. zu vertiefen.

Ich habe Märthe durch unseren Mail-Kontakt als eine aufgeschlossene und interessierte junge Frau kennengelernt, die sehr engagiert ist in ihrem Studium und mir auch viele fachliche Fragen gestellt hat.

Da ich selbst Deutsch-Lehrerin bin, wird sie die Möglichkeit haben, an meiner Schule im regulären Deutsch-Unterricht und im DaZ-Kurs für Migranten zu hospitieren und so Einblicke in das deutsche Schulsystem und das Lehrerleben erhalten.

Mit den genannten Gründen konnten wir Ihnen hoffentlich darlegen, dass ein AuPair-Aufenthalt in Deutschland für die berufliche Weiterentwicklung und Lebensplanung von Frau Sch. wichtig ist und sie für ihre spätere Arbeit wichtige Erfahrungen sammeln kann.

Weiterhin möchte ich noch anführen, dass an deutschen Universitäten für Studierende einer Fremdsprache ein Aufenthalt im Ausland sogar vorgeschrieben ist.

Wir bitten Sie deshalb höflichst, den Visa-Antrag noch einmal zu prüfen, um Märthe Sch. den Aufenthalt in Deutschland zu ermöglichen.

Mit freundlichen Grüßen
Mony Mürr

Dieser Brief schildert das Bild von Märthe, das wir von ihr gewonnen hatten. Es hat sowohl uns wie auch die Mitarbeiter der Botschaft überzeugt. Sie erhielt ihr Visum und Einzug in unsere Familie.

Im Nachhinein betrachtet, hätte ich mir die Arbeit sparen können, denn es gibt nur eine einzige einfache Begründung, warum der AuPair–Aufenthalt in Deutschland für Märthes Lebensplanung unerlässlich ist:

Sie will von einem deutschen Mann geheiratet werden und in Deutschland leben. So wie ihre Cousine auch. Zukunftspläne über die Eheschließung hinaus hat sie keine. Vielleicht Kinder, und dann mit ihnen spielen und ihnen Geschichten erzählen ...

Erwartungen und Wirklichkeit

Der Besuch der jungen Dame, das heißt ihre Ankunft, war für das Frühjahr geplant, hat sich aber durch die ganzen Formalitäten bis zum Sommer hinausgezögert.

Wir haben in dieser Zeit viele Mails ausgetauscht und es hatte den Anschein, als würden wir uns gut verstehen.

Märthe schien perfekt für uns. Wie das vorhin schon erwähnte Ü-Ei bot sie drei Sachen auf einmal: Sie hat sehr gute Deutsch-Kenntnisse und ist sportlich. Vor allem aber hat sie einen Führerschein und Fahrpraxis, was bei einem Leben außerhalb der Stadt fast unverzichtbar ist. Ein Führerschein war die Grundvoraussetzung, um in unserer Familie AuPair werden zu können, und das Ausschlusskriterium für einige andere vielversprechende Bewerberinnen.

Das alles hatte Märthe in ihre Bewerbungsunterlagen geschrieben. Aber leider sind manche Aussagen oft nicht mehr wert, als das Papier, auf dem sie stehen. Papier ist bekanntlich auch geduldig, aber ich bin es nicht mehr. Deshalb fülle ich jetzt diese Seiten.

In der Realität und von Nahem betrachtet sah alles ganz anders aus:

1) Märthes Deutsch-Kenntnisse sind wirklich sehr gut und wenn sie sprechen würde, könnte man das als Pluspunkt werten.

2) Märthe hat nun doch keinen Führerschein.

Nach ihrer eigenen Aussage kann sie nicht schalten und lenken, und wer sie einmal hat Fahrradfahren sehen, der kann dies nur bestätigen.

3) Sportlichkeit, die dritte Überraschung:

Das Fahrradfahren habe ich bereits erwähnt, aber laut Bewerbungsunterlagen kann Märthe schwimmen. Beim ersten Freibad-Besuch saß sie unterm Regenschirm (der Sonne wegen) und wollte nicht ins Wasser gehen. Weitere

Schwimmbad-Besuche hat sie komplett verweigert. Warum wohl?

Zu guter Letzt haben wir zum Glück keine Haustiere, um die sich Märthe (laut ihren Bewerbungsunterlagen) kümmern kann, denn sie hat Angst vor Hunden und Katzen und davon gibt es in unserer Nachbarschaft viele.

Da ohne Führerschein, besteht ihre Hauptaufgabe nun darin, sich zuhause um die Kinder zu kümmern - so lautet die offizielle Version.

Inoffiziell kümmern sich die Kinder um sich selbst und betreuen nebenbei noch ihr AuPair.

Von kleineren Episoden und Katastrophen abgesehen, wenn Märthe wirklich einmal versucht hat, ihren Job zu erledigen, klappt das recht gut und unsere Kinder werden selbständig und fast schon Selbstversorger – immerhin ein positiver Aspekt, den man dem Ganzen abgewinnen kann.

Das ist jetzt also unsere Geschichte ...

Aller Anfang ist schwer

Endlich ist es so weit. Märthe hat ihr Visum erhalten und könnte eigentlich sofort nach Deutschland fliegen. Sie weiß jedoch noch nicht, wann sie kommen wird, weil ihre Schwester den Flug für sie bucht. Die ist aber gerade noch anderweitig, nämlich mit dem Besuch ihrer Mutter, beschäftigt.

Märthe schreibt uns, dass sie bis Mitte Juli auf jeden Fall ankommen wird, denn sie will bei der Hochzeit ihrer Cousine dabei sein. Da ich immer alles gerne im Voraus plane, nehme ich selbst Kontakt zu der Schwester auf und teile unserem künftigen Familienmitglied dann die Flugdaten mit. Sie wird an einem Samstagmorgen um halb sechs Uhr landen.

Pünktlich zur erwarteten Ankunft stehen wir also morgens um Viertel nach fünf am Flughafen, Terminal B und die Kinder halten stolz ihr selbstgemaltes, drei mal zwei Meter großes Plakat mit der Aufschrift *„Herzlich Willkommen Märthe"* in die Höhe.

Mein Mann, der versucht in die Ankunftshalle zu sehen, durchbricht versehentlich die Lichtschranke und ruft das Sicherheitspersonal auf den Plan. Ansonsten ist wenig los um diese Uhrzeit, lediglich drei andere Personen warten mit uns – natürlich nicht auf Märthe.

Der erste Passagier kommt, die Spannung steigt.

Ich weiß, dass Märthe wilde Locken hat und eine große schwarze Brille trägt. Außerdem hat sie geschrieben, sie werde mit drei Koffern anreisen. Ich habe ihr geantwortet, dass wir zu viert kommen und die Kinder ein großes Plakat für sie vorbereitet haben.

Weitere Passagiere kommen und gehen.

Dann kommt eine junge Frau mit Turban, ohne Brille und mit zwei Koffern. Sie rennt an uns vorbei in Richtung Ausgang.

„Ist sie das?", fragt mein Mann.

Ich verneine. Diese Frau passt nicht auf die Personenbeschreibung, die Märthe von sich selbst gegeben hat, und unser Plakat ist sicher nicht zu übersehen.

Eine halbe Stunde später stehen wir immer noch an der gleichen Stelle und warten. Das „Willkommen"-Schild liegt mittlerweile auf dem Boden, weil den Kindern die Arme wehtun. Sie fangen an zu murren, denn ihnen ist langweilig und sie haben Hunger.

Inzwischen wird schon der nächste Flug abgefertigt. Ob unser AuPair seinen Anschlussflug verpasst hat und noch immer auf dem anderen Kontinent festsitzt?

Mein Mann, ein Mann der Tat, beschließt, die junge Frau mit dem Turban und den zwei Koffern zu suchen. Diese war schon mehrmals an uns vorbeigelaufen, orientierungslos. Gerade eben ist sie wieder nach draußen gegangen.

„Die läuft hier herum wie bestellt und nicht abgeholt", meint er, „vielleicht ist es doch Märthe."

Ich zweifle daran, denn diese hat einen Uniabschluss und kann sicher ihren Namen lesen. Außerdem kennt sie unsere Kinder von Bildern. Aber da mir keine bessere Lösung einfällt, lasse ich meinen Mann mit Konrad, unserem älteren Sohn, ziehen. Silas, unser Kleiner, ist während des Wartens auf einer Bank eingeschlafen.

Keine zehn Minuten später ist mein Mann zurück. Er hat zwei Koffer und die junge Frau im Schlepptau. Es ist tatsächlich Märthe. Sie wusste nicht, wo wir sie abholen, deshalb hat sie sich an den Taxistand gestellt. Ich bin leicht irritiert, aber hauptsächlich froh, dass die Warterei endlich ein Ende hat und wir mit unserem neuen Familienmitglied nach Hause fahren können.

Dort angekommen, möchte Märthe sofort mit der Arbeit beginnen und das Haus putzen. Ich hingegen möchte erst einmal frühstücken und schlage ihr vor, sich etwas auszuruhen, während wir Brötchen kaufen. Sie will lieber mitkommen und so starten wir unseren ersten gemeinsamen Einkauf. Märthe läuft schweigend zwei Schritte hinter mir her und weiß nicht, ob sie etwas kaufen möchte.

Beim Frühstück weiß Märthe nicht, was sie essen möchte. Auf ihrer Insel, so erzählt sie, isst man nur Reis - morgens, mittags und abends.

Ich frage, ob ich ihr Reis kochen soll. Sie weiß es nicht, also lasse ich es. Den Tee von ihrer Insel gab es in unserem Supermarkt nicht, also trinkt sie Leitungswasser.

Nach dem Frühstück biete ich Märthe erneut an, sich etwas auszuruhen, schließlich war sie 22 Stunden unterwegs. Sie weiß aber nicht, ob sie müde ist, und möchte lieber das Haus putzen. Das Haus habe ich bereits gestern geputzt und schlage der neuen großen Schwester deshalb vor, dass sie den „Brüderchen" hilft, ihre Zimmer aufzuräumen.

Die drei marschieren los und eine halbe Stunde später sind nicht nur die Kinderzimmer auf-, sondern auch die Schränke umgeräumt. Ich hatte die Schränke der Kinder in drei Bereiche eingeteilt. Die Sachen, die in den „noch zu groß" und in den „bereits zu klein"-Fächern lagen, hat Märthe wieder zu den „passt"-Sachen sortiert, damit der Schrank ordentlich ist. Jetzt möchte sie Fenster putzen.

Ich bin etwas genervt, atme aber tief durch und schiebe es auf mein frühes Aufstehen und die für Märthe sicherlich ungewohnte Situation.

„Sie will eben alles richtig machen", vermutet mein Mann.

„Aller Anfang ist schwer", denke ich. Da weiß ich zum Glück noch nicht, wie der Spruch endet:

„Die Zeit danach noch sehr viel mehr!"

Essgewohnheiten

Andere Länder, andere Sitten. In der Heimat unseres AuPairs ist es, wie schon erwähnt, üblich zu allen Mahlzeiten Reis zu essen. Allerdings weiß ich nicht, ob es auch üblich ist, jedes Reiskorn einzeln auf die Gabel zu spießen und sich nach jedem Biss(ch)en den Mund zu wischen. Seit Märthe bei uns wohnt, ist der Verbrauch der Papierservietten dramatisch gestiegen.

Am Anfang war es amüsant Märthe beim Essen zuzusehen, auch wenn ihre gezierte Art im Umgang mit Besteck und Serviette uns das Gefühl vermittelt hat, keine Tischmanieren zu besitzen. In unserer Familie werden Brötchen und meist auch Pizza (je nach Belag) mit den Fingern gegessen. Märthe tut das nicht. Selbst einen Döner hat sie mit Messer und Gabel zerlegt. Dabei hat sie alle Zutaten sorgfältig voneinander getrennt und auf dem Teller sortiert, Krautfaden für Krautfaden. So ähnlich habe ich das früher auch gemacht – während des Sezierkurses im Biologiestudium. Man kann sich ihre Irritation und Verzweiflung vorstellen, als sie uns das erste Mal in ein amerikanisches Schnellrestaurant begleitet hat. Sie hat nichts gegessen, den Burger mit nach Hause genommen und heimlich weggeschmissen.

Weniger schön wird es allerdings, wenn Märthe wie bei dem Döner einzelne Stückchen probiert und die Serviette dann, statt sich den Mund zu wischen, als Spucktuch benutzt. Manchmal isst sie auch wenige Bissen, die sie tatsächlich schluckt, hält sich aber anschließend die Serviette als Mundschutz vors Gesicht bis alle anderen aufgegessen haben. Dies dauert meist nicht mehr lange, weil wir alle gerne satt sein möchten, bevor ihr Essen doch noch den Rückweg antritt.

Beim Essen erzählt uns Märthe immer, dass ihr Magen „brrt-brrt" sagt. Wir nennen das

‚Magenknurren', bei ihrem Magen sind es wahrscheinlich Freudenschreie, wenn endlich wieder Nahrung ankommt. Das ist sehr selten der Fall, denn unser AuPair will mager bleiben, um ihre Chancen auf dem deutschen Heiratsmarkt nicht zu verspielen.

Mikroskopisch kleingerupfte Toastbrot-Krümel sind die einzige Nahrung, die Märthe ohne Probleme zu sich nehmen kann. Mit den Fingern wohlgemerkt, weil die Krümel zu klein für die Gabel sind. Auf jeden Fall ist eine Scheibe Toastbrot zu wenig, um wirklich satt zu werden, weshalb Märthes Magen weiterhin „brrt-brrt" sagen muss.

Wir befürchten schon, dass ihre Heiratspläne daran scheitern werden, dass sie verhungert ist, bevor sie einen Mann gefunden hat.

Vielleicht gehört Märthe aber auch zu den Menschen, die nur von Luft und Liebe leben können, was auch die häufigen Treffen mit ihren „Brieffreunden" erklären würde.

Entscheidungen

... gehören zu den Dingen des Lebens, die Märthe zu vermeiden sucht.

Wenn Märthe dann doch etwas entschieden hat, beispielsweise, dass sie Hunger hat, übernimmt sie der Einfachheit halber die Essenswahl der Kinder, was meist schiefgeht.

Sie bestellt zum Abendessen „das gleiche Essen wie Konrad", eine Thunfisch-Pizza, obwohl sie nicht weiß, was Thunfisch ist. Anschließend fragt sie, welcher seltsame Belag das sei, und will die Pizza nicht essen.

Die Kinder essen bei den Sport-Veranstaltungen gerne Currywurst mit Pommes. Auch Märthe möchte immer Currywurst mit Pommes, obwohl sie keine Kartoffeln oder Pommes mag. Die Pommes lässt sie immer liegen.

In der Eisdiele verlangt sie regelmäßig „das gleiche Eis wie Silas", eine Kugel Schokoladeneis mit Smarties. Märthe mag auch die Smarties nicht, und so landen diese immer zusammen mit dem leeren Becher in der Mülltonne.

Da der Sommer heiß ist, gehen wir oft Eis essen. Nach dem dritten Besuch erklärt Silas ihr, dass man auch nur Eis ohne Smarties bestellen kann. Märthe will aber das gleiche Eis wie Silas, also Schokolade mit Smarties, die dann wieder weggeschmissen werden.

Nur ein einziges Mal hat Silas den Geschmack von Märthe genau getroffen: Beim Einkauf im Supermarkt bekommen Kinder immer eine Scheibe Fleischwurst, so auch Silas. Bei unserem ersten gemeinsamen Einkauf schaut unser AuPair die Verkäuferin vorwurfsvoll an, nachdem nur Silas eine Scheibe Wurst bekommen hat. Diese blickt mich irritiert an und ich zucke mit der Schulter. Daraufhin fragt sie Märthe ebenfalls. Märthe nickt eifrig und bekommt ihre Scheibe Fleischwurst.

„Wie alt bist du denn?", fragt die Verkäuferin und Märthe antwortet glücklich kauend: „Ich bin Märthe und ich bin einundzwanzig Jahre alt und ich bin AuPair". Das ist ihr Standardsatz, wenn sie sich vorstellt. Die Frau hinter der Theke schaut Märthe zweifelnd an und schüttelt den Kopf. Ich kann mir nur schwer das Lachen verkneifen und frage Märthe, ob ich von der Fleischwurst kaufen soll. Sie weiß es wieder einmal nicht, nur, wenn Silas auch welche kaufen möchte. Silas möchte nicht. Er ist zufrieden mit der einen Scheibe Fleischwurst und ich kaufe Salami.

Dann gehen wir zur Kasse, ich und meine Kinder Silas und Märthe. Beide genüsslich kauend, jeweils mit einer Scheibe Fleischwurst in der Hand.

Sicherlich hat die Verkäuferin ihren Kolleginnen von unserem AuPair berichtet. Beim nächsten Einkauf bekommt nur Silas eine Scheibe Wurst. „Gratiswurst gibt es nur für

Kinder", erklärt die Frau hinter der Wursttheke unserem AuPair beim nächsten Einkauf.

Märthe versteht nicht und ich biete ihr wieder an, von der Wurst zu kaufen. Aber gekaufte Fleischwurst will sie nicht, sie will Wurst wie Silas.

Helikopter-Märthe

Sogenannte Helikopter-Eltern sind in unserer Gesellschaft ein verbreitetes Phänomen und leider auch ein Problem geworden. Scheinbar hat auch Märthe schon davon gehört, denn sie entwickelt sofort nachdem wir sie am Flughafen „eingefangen" hatten eine solche Helikoptermentalität.

Gleich vom ersten Tag an hat sie Silas „unter ihre Fittiche genommen" und führt ihn wie einen Hund an der Hand spazieren. Anfangs genießt Silas diese Aufmerksamkeit, denn Märthe verhält sich wie seine persönliche Dienerin. Sie zieht ihm die Schuhe und die Jacke an und aus, bringt seine schmutzige Wäsche zum Wäschekorb und erledigt all die wenigen kleinen Pflichten, die Silas in unserem Haushalt zu erledigen hat. Selbst die Nase putzt sie ihm.

Am dritten Tag beginnt Märthe beim Frühstück Silas nach jedem Bissen den Mund zu wischen. Das ist der Moment, in dem es selbst ihm zu viel wird. Er protestiert und erklärt ihr, dass es nun genug sei, schließlich sei er ein großer Junge.

Ich bin erleichtert, denn Konrad hatte schon von uns verlangt, dass auch er ein eigenes AuPair bekommt, das sich nur um ihn kümmert.

Märthe kocht

Ich erkläre Märthe den Einbauherd in unserer Küche: „Wenn du an den Knöpfen drehst, wird die Platte rot und heiß, je höher die Zahl, desto heißer die Platte. Wenn du fertig gekocht hast, drehst du den Schalter auf „O" und drückst ihn zurück." Märthe hat das System verstanden - sagt sie. Aber die Platte wird immer wieder dunkel, der Herd ist kaputt.

„Ja, denn wenn die Platte heiß genug ist, schaltet sie kurzzeitig ab, heizt aber wieder auf, wenn die Temperatur sinkt und wird dann wieder rot." Märthe hat verstanden.

Aber da der Herd am nächsten Tag wieder kaputt ist, geht sie in ihr Zimmer und wartet darauf, dass ich nach Hause komme. Zum Glück sind die Kinder zuhause und Konrad schaltet den Herd ab. Ich koche später selbst.

Einige Tage später kocht Märthe wieder. Diesmal klappt es, denn ich habe für sie eine genaue Anleitung zum Heißmachen einer Dosen-Suppe geschrieben.

Unser AuPair und der Herd verstehen sich jetzt – fast.

Weil der Knopf sich nicht eindrücken lässt, lässt Märthe ihn draußen und stellt den leeren

Topf, glücklicherweise noch mit Wasser gefüllt, zurück auf den Herd.

Als ich später nach Hause komme, wundere ich mich über den Dampf in der Küche - und schalte den Herd aus. Und im Nachhinein fällt mir ein, dass „Herd wieder ausschalten" nicht auf der Anleitung für die Suppe stand.

Notfall

Mein erster Arbeitstag. Nach mehr als zwei Wochen Eingewöhnungsphase bleibt Märthe das erste Mal mit den Kindern länger alleine. Noch sind Schulferien, ihr erster Arbeitseinsatz soll deshalb von 9 bis 14 Uhr dauern. Zur Sicherheit klebe ich noch einmal den Zettel mit meiner Handynummer an die Küchentür.

Ich bin zugegebenermaßen etwas nervös und hoffe, die Kinder können ihr AuPair lange genug auf Trab halten, um die gefürchteten spontanen

Putzattacken zu unterbinden. Ich möchte nämlich nicht, dass sie noch einmal in Eigeninitiative den Dielenboden mit der Scheuerbürste schrubbt, die ich für die Terrassenplatten benutze. Oder die Gläser mit Kernseife und Bürste reinigt, weil beide zufällig auch unter der Spüle stehen.

Nach der zweiten Tasse Kaffee beginne ich zu entspannen. Kurz darauf klingelt mein Handy. Ich will nicht gestört werden und gehe deshalb nicht ran. Nach dem dritten Anrufversuch hole ich das Handy aber doch aus der Tasche und sehe mit Schrecken, dass die Anrufe von unserem Festnetz kamen. Da der Empfang schlecht ist, entschließe ich mich das Telefon im Büro zu benutzen.

Auf dem Weg dorthin eilt mir unsere Sekretärin entgegen. Mein Sohn, so erzählt sie mir, habe ganz aufgeregt bei ihr angerufen und etwas von einem Notfall erzählt.

Vor meinem geistigen Auge sehe ich schon eines meiner Kinder, von Fahrrad, Schaukel oder Baum gefallen, mit ausgeschlagenem Zahn, blutenden (Kopf)wunden und gebrochenen Knochen im Garten liegen.

Zum Glück nur Kopf-Kino!

Märthe weiß nicht, wie sie die Fertigsoße zubereiten soll, und der Herd ist schon wieder kaputt. Erleichtert erkläre ich ihr wieder einmal, dass die Herdplatte nicht dauerhaft rot leuchtet. Das Aufkochen der Fertigsoße kann Konrad übernehmen.

Außerdem versuche ich ihr noch einmal deutlich zu machen, was ich unter einem Notfall verstehe: „Ein Notfall ist, wenn etwas Schlimmes passiert ist, wenn sich ein Kind ernsthaft verletzt hat oder das Haus brennt."

„Ah, ich verstehe...", sagt Märthe.

Eine halbe Stunde später kommt der nächste Anruf.

„Sch...!", denke ich, „was ist jetzt passiert?"

Nichts, Gott sei Dank!

Märthe möchte nur wissen, ob die Kinder ein Eis haben dürfen. Sie dürfen und ich erkläre ihr erneut, was ich unter einem Notfall verstehe: „Blutendes Kind oder brennendes Haus."

„Ah, ich verstehe, ….!"

Fünfzehn Minuten später klingelt das Handy erneut.

„Märthe, brennt das Haus oder ist ein Kind verletzt?"

Nein, zum Glück wieder nicht. Die Kinder wollen fernsehen, streiten aber wegen des Films.

Na, wenn das kein echter Notfall ist!

Sprechstunde

An seltenen Tagen hat Märthe Sprechstunde.

Dann sitzt sie beim Abendbrot am Tisch und plötzlich sprudeln Wörter wie Gewehrsalven aus ihrem Mund. Sie redet lautstark und immer schneller. Dabei schlägt sie die Hände vors Gesicht und lacht laut und unkontrolliert.

Beim ersten Mal hat Silas vor Schreck gefragt, ob er sofort in sein Zimmer dürfe, er möchte jetzt viel lieber alleine sein und müsse nachdenken.

Konrad dagegen fragt auf seine gewohnt direkte Art: „Was ist denn mit Märthe los? Ist sie krank und hat einen Schlaganfall?".

Märthe bekommt von alle dem nichts mit.

Sie redet ununterbrochen und isst dabei meist drei oder vier Wurstbrote, was normalerweise ihrer Wochenration entspricht. Sie redet und redet, unabhängig davon, ob ihr jemand zuhört oder auch nicht.

In einer dieser Sprechstunden haben wir auch erstmals von ihren Brieffreunden erfahren und bleiben so mehr oder weniger gewollt auf dem neusten Stand. Drei sind es, die sie regelmäßig trifft, die anderen sind nur Namen, die sie schnell wieder vergisst.

Am Ende jeder Sprechstunde blickt Märthe sich immer erstaunt um.

„Ich habe gar nicht gemerkt, dass die Kinder gegangen sind", sagt sie dann, wünscht eine gute Nacht und verschwindet in ihrem Zimmer. Nicht ohne zu fragen, was das Programm für morgen ist. Mein Mann und ich bleiben jedes Mal sprachlos zurück.

Ein Stein für Märthe

Eines Morgens beim Frühstück überrascht uns Märthe damit, dass sie einen Stein braucht.

„Einen Stein?"- „Ja, einen Stein."

Ich frage zur Sicherheit noch einmal auf Französisch nach. Sie braucht tatsächlich einen Stein.

Märthe hat etwas mitgebracht, das man auf einem Stein reiben muss. Dieses Etwas braucht sie am Sonntag. Einen Mörser lehnt sie ab, es muss ein Stein sein.

Wir schicken deshalb die Kinder mit ihr in den Garten und danach in den Wald, um einen passenden Stein zu suchen. Konrad und Silas haben Spaß, Märthe leider nicht. Aber sie möchte ja auch keinen Spaß haben, sondern einen Stein. Immerhin hat sie im Wald Ziegen gesehen, auch wenn die Jungs behaupten, es seien Rehe gewesen. Einen Stein jedoch haben sie nicht gefunden.

Märthe möchte deshalb zu einem Geschäft gefahren werden, um einen Stein zu kaufen. Da wir noch den Wochenendeinkauf erledigen müssen, tun wir ihr den Gefallen. Das einzige Geschäft, in dem Steine verkauft werden, ist der Baustoffhandel. Aber auch dort wird sie trotz der großen Auswahl an Steinen in unterschiedlichen Formen, Farben und Größen nicht fündig.

Sie braucht diesen speziellen Stein unbedingt.

Ich hätte nie gedacht, dass es so schwierig sein kann einen Stein zu finden, aber Märthe war noch nie einfach.

Die Beschreibung „ein Stein, um etwas zu reiben" ist aber auch sehr ungenau. Im Gegensatz dazu ist Märthes Unmut ganz genau zu erkennen.

Auf ihrer Insel gibt es überall diese Steine, wieso also hier nicht?

Ich habe den Eindruck, sie gibt uns die Schuld daran, dass sie keinen passenden Stein findet. Dabei sollte sie nach ihrer Ankunft am Flughafen eigentlich gelernt haben, dass es schwer ist, etwas oder jemanden zu finden, wenn man keine genaue Beschreibung hat.

Märthe bleibt beharrlich, um die Dringlichkeit ihres Anliegens zu verdeutlichen. Aber auch wir können beharrlich sein und fragen immer wieder nach.

Am Ende finden wir heraus, dass Märthe etwas von ihrer Insel mitgebracht hat, das sie zerreiben will. Damit will sie sich dann das Gesicht einreiben, bevor sie ihren Brieffreund trifft - Schönheitspflege also.

Zum Glück sagt dieser das Treffen ab, sodass der Stein vorerst nicht mehr benötigt wird.

Mir fällt ein Stein vom Herzen, denn unser Nachmittag ist gerettet – vorerst einmal.

Schulweg

Märthe bringt Silas zur Schule. Eigentlich könnte er den Weg auch alleine gehen, aber wegen des hohen Verkehrsaufkommens morgens vor der Schule, möchte ich das (noch) nicht.

Wir haben besprochen, dass Märthe ihn bis zum Zebrastreifen vor der Schule begleitet. Ab da darf Silas alleine gehen.

Leider hält Märthe sich nicht daran, sondern bringt ihn bis in die Klasse und wartet dort auf die Lehrerin. Das weiß ich, denn die Lehrerin hat mir erzählt, dass sie sich sehr nett mit unserem AuPair unterhalten hat, in französischer Sprache.

Sie fragte auch, wie die Kinderbetreuung klappt, da unsere Jungs nicht Französisch sprechen.

Am gleichen Nachmittag bitte ich Märthe noch einmal, Silas am Zebrastreifen zu verabschieden. Er kann die letzten Meter alleine gehen. Außerdem ist von der Schule gewünscht, dass die Eltern die Kinder nicht ins Gebäude begleiten. Aus diesem Grund hängt an der Eingangstür das Schild „Ab hier gehe ich alleine." Da Märthe nicht liest, erkläre ich es ihr noch einmal und es funktioniert erfreulicherweise.

Nach den ersten beiden Wochen möchte Silas mit seinen Freunden und ohne Märthe zur Schule gehen. Ich bin stolz auf meinen Kleinen und erlaube es ihm. Wir vereinbaren, dass Märthe Silas nun nur noch bis zum Briefkasten an der Hauptstraße begleitet und er dann mit den anderen Jungs alleine weitergehen darf.

Einfacher gesagt als getan.

Beim ersten Versuch geht Märthe mit Silas zum Briefkasten am Ende unserer Straße und wartet dort. Dieser liegt zwar nicht auf dem Schulweg, ist aber der nächste Briefkasten. Obwohl Silas den Schulweg entlang zu dem anderen Briefkasten gehen möchte, beharrt seine „große Schwester" darauf, ich hätte gesagt, sie müssen an diesem Briefkasten stehen und warten. Beide warten lange und vergeblich auf die anderen Jungs.

Kurz nach Schulbeginn fährt zufällig die Mutter von Silas' Freund Luis vorbei. Sie hält an und bringt Silas zur Schule.

Am Nachmittag zeige ich Märthe noch einmal den Schulweg und den richtigen Briefkasten, an dem Silas seine Freunde treffen wird.

Am nächsten Tag scheint alles zu klappen – fast. Sie warten am richtigen Briefkasten, Silas geht mit den Jungs los – und sein Helikopter-AuPair läuft in fünf Metern Abstand hinterher, damit Silas sicher bis zur Schule kommt.

Märthe ist zufrieden, weil sie ihren Job so gut erledigt – Silas verständlicherweise nicht.

Spielregeln

Märthe ist, wie ja schon erwähnt, nicht in der Lage auch nur die kleinste Kleinigkeit selbst zu entscheiden. Der Einfachheit halber lässt sie deshalb die Kinder entscheiden, wenn kein Erwachsener anwesend ist.

Bisher war es nie ein Problem, unsere Söhne mit einem Babysitter alleine zu lassen, weil beide Jungs die Regeln kennen und eingehalten haben. Zwar oft nur unter Protest und unter Austesten aller Grenzen, aber es war immer klar, wer der Chef ist und die Entscheidungen trifft.

Seit Märthe bei uns wohnt und die Kinder am Nachmittag beaufsichtigen soll, ist das anders geworden. Immer noch kennen sie die Regeln, die ich für Märthe noch einmal aufgeschrieben habe. Dazu gehören unter anderem Verbote für den Fernseher, den Computer und die WiiU vor 18 Uhr. Außerdem ein Facebook-Verbot für AuPairs während der „Dienstzeit".

Das Verbot der elektronischen Geräte haben alle drei in stiller Übereinkunft ignoriert, so dass ich jetzt morgens den Computer sperre. Die Fernbedienungen und die Spielekonsole packe ich in einen Karton, den ich mit zur Arbeit nehme.

Das fordert Konrad und Silas dazu heraus, jetzt alle Verbote zu ignorieren, die nicht schriftlich festgehalten sind.

Unsere Kinder und auch Märthe spielen nun in der Garage mit dem Werkzeug und den Gartengeräten. Ich verbiete es ausdrücklich. An den nächsten Tagen spielen sie in meinem Arbeitszimmer und mit meinen Unterlagen „Schule", dann „Verstecken" in unserem Schlafzimmer. Das hat zur Folge, dass ich jetzt einige Zimmer abschließe und die Schlüssel ebenfalls in dem Karton mit zur Arbeit nehme.

Gespannt, was die drei jetzt wieder angestellt haben, fahre ich an diesem Tag nach Hause.

Unser Wohnzimmer ist nicht wiederzuerkennen. Die Kinder haben „eine Festung" gebaut und eine Kissenschlacht gemacht. Jetzt liegen die Kissen und Decken überall im Wohnzimmer verstreut, ergänzt durch die Bettwäsche und Stofftiere der Kinder.

So in etwa habe ich es mir vorgestellt, nachdem ein Wirbelsturm durchs Haus getobt ist. Jetzt aber tobe ich und nach dem Donnerwetter verschwinden die Jungs mit ihrer Bettwäsche und den Stofftieren in den Kinderzimmern. Märthe muss bleiben.

Ich verlange von ihr, dass sie den Kindern Grenzen setzt und diese nicht tun und lassen können, was sie wollen. Märthe verteidigt sich damit, dass Silas und Konrad nicht auf sie hören wollen, weshalb sie die beiden dann alleine lässt und nach oben in ihr Zimmer geht.

Erneut erkläre ich ihr, dass sie für die Jungs verantwortlich ist und sich durchsetzen muss: „Du bist die Erwachsene, Märthe, und du entscheidest! Wenn du das nicht kannst oder willst, dann bist du hier bei uns falsch. Um die Kinder ohne Aufsicht zu lassen, brauchen wir kein AuPair."

Das ist eine schwer verdauliche Mitteilung für jemanden, der nicht einmal entscheiden kann, ob und was er essen möchte. Darum geht auch Märthe jetzt ohne ein weiteres Wort in ihr Zimmer.

Der Koffer

Die Cousine hat aus dem Frankreich-Urlaub einen Koffer mitgebracht, den Märthes Mutter bei ihrem Besuch bei der Schwester gelassen hat und der für Märthe bestimmt ist.

Wem dieser Satz schwer verständlich erscheint, der mag beruhigt sein. Ich habe auch länger gebraucht, um den Sinn zu verstehen.

Dieser Koffer, der problemlos hunderte von Kilometern von der französischen Küste bis nach Mitteldeutschland zurückgelegt hat, muss nun weitere 250 Kilometer überwinden, um bei uns - beziehungsweise bei Märthe - anzukommen.

Ich weigere mich 500 Kilometer, zur Cousine und zurück, zu fahren, um einen leeren Koffer zu transportieren, dessen Sinn sich mir immer noch nicht erschlossen hat.

Märthe will nicht mit dem Zug fahren, um die Cousine zu besuchen und den Koffer abzuholen, weil ihr erstens das Ticket zu teuer ist und sie zweitens auf ihrer Insel nur mit dem Bus gefahren ist.

Der Postversand des Koffers scheitert daran, dass Märthe die Kontonummer ihrer Cousine nicht kennt, und deshalb das Geld für das Porto nicht vorab überweisen kann.

Auf der Rückfahrt vom Spielzeugladen beginnt die Diskussion über diesen Koffer erneut.

Ich weiß nicht, wie viele Male ich Märthe schon erklärt habe, dass man kein Geld an eine Postanschrift überweisen kann, sondern als Brief verschicken muss, am besten per Einschreiben. Das ist ihr aber zu kompliziert, denn dann müsste sie zur Post gehen und sprechen.

Ich frage erneut nach, warum dieser dritte große Koffer so wichtig für Märthe sei, da sie nur zwei Koffer mit ins Flugzeug nehmen kann, wenn ihr Jahr in Deutschland vorbei ist.

Daraufhin erklärt mir Märthe empört, sie werde natürlich nicht zurückfliegen. Sie wird bei uns wohnen bleiben und sich weiter um die Kinder (!) und den Haushalt kümmern. Das will sie so lange tun, bis sie einen deutschen Mann gefunden hat, der sie heiratet.

Im Geiste sehe ich Märthe schon meine Urenkel betreuen.

Ich erinnere sie daran, dass ihr Vertrag und auch ihr Visum nach zwölf Monaten enden und sie den Platz für ein anderes AuPair räumen muss.

Sofort wird die Stimmung im Auto spürbar frostig und ich überlege, ob ich trotz hochsommerlicher Temperaturen die Heizung anschalten soll ...

Freunde

Märthe bringt Silas manchmal nachmittags zu seinen Freunden zum Spielen. Das ist eine ihrer Aufgaben. Nicht zu ihren Aufgaben gehört es aber, ihn dort genauestens zu beobachten. Silas hat sich schon mehrmals beschwert, weil Märthe ständig neben ihm herläuft und er sich gestört fühlt. Sie sieht das nicht als Problem, denn sie möchte mit den Kindern spielen. Die

Kinder aber nicht mit ihr, was Märthe nicht versteht.

Gespräche haben nicht geholfen, also bitte ich die Mütter, sich mit ihr zu unterhalten, während die Kinder spielen, wohl wissend, dass Märthe das überhaupt nicht mag.

Sprechen mit Menschen, die keine Brieffreunde sind? Dazu gibt es für sie keinen Anlass.

Die dritte Einladung zu Kaffee und Unterhaltung hält Märthe auf Sicherheitsabstand. Sie bringt Silas nur noch bis zur Haustür. Er klingelt und sobald die Tür geöffnet wird, sagt sie „Tschüss", dreht sich um und geht schnell nach Hause in ihr Zimmer.

Auch die weltbeste Tagesmutter hat die Jungs und Märthe zum Kaffee eingeladen. Sie wollte unser AuPair gerne kennenlernen und ihr vielleicht ein paar Tipps geben, denn auch sie ist vor vielen Jahren aus einem fremden Land gekommen.

Märthe versteht nicht, warum sie diese Frau besuchen muss. Ich erkläre ihr, dass es eine nett gemeinte Einladung sei, ein Angebot und keine Verpflichtung. Wenn sie nicht möchte, muss sie nicht gehen. Das hat sie sofort verstanden und lehnt die Einladung (natürlich) ab. Sie will nicht zu der Frau gehen und mit ihr sprechen. Also gehen die Jungs allein und Märthe bleibt zuhause.

Vielleicht hätte ich Märthe verraten sollen, dass diese Frau einen deutschen Mann geheiratet hat!

Geschwisterliebe?

Märthe sitzt am liebsten bei Silas im Kinderzimmer und sieht ihm beim Spielen zu. Nicht, dass sie mitspielen würde, denn Silas spielt gerne alleine. Märthe sitzt auf dem

Schreibtischstuhl und wacht über ihn, damit er sich nicht an einem der Legosteine verletzt.

Konrad bekommt von ihr wenig bis gar keine Aufmerksamkeit. Er ist sehr lebhaft und das sportlichere unserer Kinder und mit Leib und Seele Fußballspieler. Märthe jedoch mag nicht Fußball spielen, weil Silas sich verletzen könnte. Eigentlich möchte sie gar nicht draußen oder mit Konrad spielen.

Aber auch drinnen ist es für beide Kinder schwierig bis unmöglich wirklich mit Märthe zu spielen. Gesellschaftsspiele scheitern daran, dass sie nicht spricht und beim Würfeln scheinbar Grobmotorikerin ist. Viele Brett- und Kartenspiele, die auch Silas mit seinen knapp sechs Jahren schon mit Konrad spielen kann, will Märthe nicht verstehen. Selbst beim Memory dreht sie unmotiviert stets die gleichen beiden Karten um.

Alles in allem zeigt Märthe das typische Verhalten einer großen Schwester, die von ihren lästigen kleineren Brüdern genervt ist und ihre Ruhe haben möchte.

Ganz so, als wären sie echte Geschwister.

Miss Märthe und ihr Chauffeur

Märthe fährt nicht, Märthe wird gefahren (man beachte die Passiv-Form)*. Sie besitzt ihren Führerschein nur auf dem Papier, auf dem sie ihre Bewerbung geschrieben hat. Der Mann von der Agentur hat ihr gesagt, sie solle „Ja" ankreuzen, weil das besser sei. Sie könne den Führerschein dann ja immer noch machen (Konjunktiv 1 = Möglichkeitsform, obwohl es eher der Konjunktiv 2, weil unmöglich, hätte sein müssen)*. Sie hat den Führerschein aber nicht gemacht (Indikativ = Wirklichkeitsform)* und wird ihn auch nicht machen (Futur I = Zukunft)*, weil Märthe nämlich Angst hat, im Auto vorne zu sitzen.

Also sitzt Märthe bei uns im Auto immer hinten auf der Rückbank und lässt sich fahren, oder eher chauffieren. Immer wenn wir gemeinsam fahren, besser gesagt, wenn ich sie fahren muss, denke ich an den Film „Miss Daisy und ihr Chauffeur". Ich bin aber leider nicht Miss Daisy, sondern habe die Rolle des Chauffeurs von Morgan Freeman übernommen. Ich tröste mich damit, dass Morgan Freeman in „Bruce Allmächtig" auch schon die Rolle von Gott gespielt hat, ich also rollenmäßig noch Entwicklungspotential nach oben habe. Bei Miss Märthe bin ich mir da nicht sicher.

Verstärkt wird der Eindruck des Limousinen-Service noch dadurch, dass an „Märthes Tür" die Kindersicherung aktiviert ist. Ich öffne also bei jeder Fahrt die hintere Tür für meinen Fahrgast, jedes Mal, wenn Miss Märthe ein- oder aussteigen will.

Aber langsam gewöhne ich mich an die Blicke der Leute. Ich habe schon überlegt, Flaggen und

Wimpel von Märthes Insel an meinem Auto, einem schwarzen Kombi, zu befestigen. Dann kann Miss Märthe den staunenden Passanten zuwinken wie die Queen.

Das schöne Schild „Bitte während der Fahrt nicht mit dem Fahrer sprechen", das wir bei längeren Autofahrten schon mal für unsere quengelnden Kinder aufhängen, ist bei Märthe sinnlos. Vielleicht hänge ich das Schild aber auf und überklebe für Märthe das Wort „nicht".

Wenn sich nun jemand fragt, ob ich mich über meinen Chauffeurs-Job echauffiere, kann ich nur eines sagen, nämlich laut und deutlich „JA!".

Miss Märthe sollte, so war der ursprüngliche Plan, das Kindertaxi übernehmen, stattdessen fahre ich sie jetzt als drittes Kind zu ihren Terminen.

Nur abends, nach dem Sprachkurs, da holt sie der Herr Papa ab, aber das ist eine andere Geschichte. Beim Herrn Papa im Kleinwagen sitzt Märthe übrigens vorne. Bisher hat sie es trotz aller Bemühungen nicht geschafft, sich in einen der Kindersitze hinten zu quetschen.

Konrad allerdings ist mit der Situation zufrieden. Die Jungs jammern immer, weil es auf der Rückbank mit drei Personen und zwei Kindersitzen zu eng ist. Auf kürzeren Strecken darf Konrad deshalb manchmal vorne sitzen. Und er fühlt sich wie ein König- zumindest eine kleine Entschädigung dafür, dass er kein AuPair hat.

(* Die Anmerkungen in der Klammer mache ich deshalb, weil Märthe als Germanistik-Studentin sich der grammatikalischen Feinheiten sicher bewusst ist, falls sie dieses Buch jemals lesen sollte. Das ist aber sehr unwahrscheinlich, da sie während ihres Germanistik-Studiums schon vier Bücher gelesen hat und dies ihrer Meinung nach völlig ausreichend sei.)

Märthe sucht einen Mann

Wie Märthe mir schon mehrmals erklärt hat, bleibt sie in Deutschland und heiratet einen deutschen Mann. Mit ihren Eltern habe sie dies vor ihrer Abreise abgeklärt und die seien damit einverstanden.

Wie ich ihr bei dem Koffer-Problem schon erklärt habe, laufen ihr Vertrag und ihr Visum nach zwölf Monaten aus und danach muss sie zurück oder sich eine neue Bleibe suchen.

Deshalb ist Märthe in Zugzwang.

Eigentlich, so erfahre ich jetzt, sollte sie nach Frankreich in die Nähe ihrer älteren Schwester reisen. Ihre Schwester wollte einen französischen Mann für Märthe suchen. Aber, aus welchen Gründen auch immer, gab es keine französische Familie, die Märthe aufnehmen wollte. Bedauerlich für uns, aber vielleicht besser für Märthe, denn der Mann, den ihre

Schwester für ihre Freundin gefunden hat, ist „kein guter Mann, er schlägt."

Märthe hat sich aber auf Rat ihrer Cousine, die mit dem Koffer, bei einer „Site" angemeldet, die „Brieffreunde" vermittelt, die man (oder Frau) dann treffen kann. Diesen Service nutzt Märthe regelmäßig und lässt sich am Parkplatz des Supermarktes abholen, um Ausflüge mit ihren „Brieffreunden" zu unternehmen.

Ich erkläre ihr, dass ich es für leichtsinnig und gefährlich halte, bei fremden Männern ins Auto zu steigen und mit ihnen wegzufahren. Es sei sicherer, bei uns im Ort zu bleiben, denn auch hier gibt es Cafés und eine Eisdiele. Märthe bedankt sich für meinen Ratschlag und erzählt, ihre Schwester habe ihr bereits das Gleiche geraten, aber sie möchte nicht mit diesen Männern gesehen werden. Schließlich muss sie an ihren guten Ruf denken.

Mein Mann verpflichtet mich deshalb dazu, mit Märthe ein Gespräch über die Beziehung von Männern und Frauen zu führen. Immerhin habe ich ihr erlaubt, sich mit Männern zu treffen, so seine Argumentation.

Ja, das habe ich tatsächlich.

Sie ist einundzwanzig Jahre alt, warum sollte ich es ihr also verbieten? Ich habe ihr gesagt, sie dürfe selbst entscheiden, was sie in ihrer Freizeit macht, und es wird sich nicht vermeiden lassen, dass sie auch Männer kennenlernt. Woher sollte ich zum damaligen Zeitpunkt auch wissen, dass sich Märthes Definition von „Männer treffen" so grundlegend von der meinen unterscheidet?

Andererseits ist sie erwachsen (zumindest laut den Daten in ihrem Reisepass) und solange wir kein Gewerbe für sie anmelden müssen, kann sie sich gerne weiterhin am Supermarkt-Parkplatz von „Brieffreunden" abholen lassen.

Der „Herr Papa" ist nicht ganz so aufgeschlossen wie ich und macht sich Sorgen. Vielleicht hat er ja auch Recht?

Die Krankenversicherung, die wir für Märthe abgeschlossen haben, deckt zwar eine mögliche Schwangerschaft ab, aber ein schwangeres AuPair mit diversen männlichen „Brieffreunden" wäre für alle wohl der absolute Super-GAU.

Ich höre Märthe schon sagen: „Aber ich verstehe nicht...!".

Also führe ich, meinem Mann zuliebe, mit dem heiratswütigen AuPair ein Gespräch von Frau zu Frau über die Männer. Zumindest versuche ich es, denn als das Wort „Mann" fällt, schlägt Märthe entsetzt die Hände vors Gesicht und schreit auf.

Sie möchte keine Beziehung zu einem Mann haben, sie will nur heiraten ...

Die Haarpracht

Märthe möchte geflochtene Haare haben. Ich soll ihr Haarteile an den Kopf nähen.

„Haarteile an den Kopf nähen?"

„Nein, Sie verstehen nicht. Nicht an den Kopf, auf den Kopf!"

Wo liegt der Unterschied?

Märthe ist erstaunt über meine mangelnde Fachkenntnis, denn auf ihrer Insel macht das wohl (fast) jede(r). Ich kann Flicken auf Hosen nähen, mehr oder weniger kunstvoll, aber sicher keine Haare an oder auf Köpfe. Deshalb weigere ich mich.

Märthe will aber, dass ich nähe, und fragt mich immer wieder. Immer wieder sage ich Nein.

Auch den Vorschlag, das Annähen von Haaren per Youtube-Video zu lernen, lehne ich ab.

Ich mag keine fremden Haare nähen und Märthe mag nicht zum Friseur, weil ihr das zu teuer ist.

Also mache ich ihr den Vorschlag die Tochter der Nachbarin, die eine Ausbildung bei einem Friseur macht, um Hilfe zu bitten.

Märthe schafft es tatsächlich selbständig, ohne Hilfe der Kinder, nebenan zu fragen, und Jana stimmt zu. Märthe hat es aber sehr eilig, weshalb Jana schon am nächsten Tag, zum Glück ein Samstag, bei uns vorbeikommt, um ihr zur gewünschten Haarpracht zu verhelfen.

Wie sich herausstellt, wird nicht genäht, sondern geflochten. Die Haare hat Märthe von zuhause mitgebracht.

Vier Stunden lang belagern die beiden unser Wohnzimmer, denn Jana wird der Einlass in Märthes Zimmer verwehrt. Immer wieder sehe ich Jana mit angestrengtem Gesichtsausdruck und leise fluchend Märthes falsche Haare auskämmen. Von ihrer Arbeitsstelle ist sie besseres (Kunst)Haar gewöhnt.

Märthe sitzt schweigend da, wie immer. Ab und an versendet oder erhält sie eine Nachricht.

Als Jana endlich fertig ist, steht Märthe auf und verschwindet ohne Dank in ihrem Zimmer, nicht ohne kurz zu erwähnen, dass das Flechten auf ihrer Insel wesentlich schneller gehe.

Jana sieht verblüfft aus. Hat sie etwa Märthes wertvolle Zeit verschwendet?

Bevor sie geht, fragt Jana noch, warum Märthe die Frisur unbedingt für den nächsten Tag haben musste?

Ich habe keine Ahnung, wir haben nichts geplant für den Sonntag. Märthe können wir nicht fragen, weil sie ihr Zimmer an diesem Tag nicht mehr verlässt. Wahrscheinlich muss sie sich von dem anstrengenden Nachmittag mit uns erholen.

Märthe trägt ihre Haarpracht am nächsten Morgen zur Kirche, den Rest des Tages verbringt sie in ihrem Zimmer.

Als sie zum Abendessen erscheint, fehlt die Haarpracht. Ich frage, wohin diese verschwunden ist und Märthe teilt mit, sie habe aufgeräumt. „Auf dem Kopf?", frage ich nach.

Aber Märthe versteht die Frage nicht und wiederholt mehrmals, sie habe aufgeräumt.

Wir belassen es dabei.

Jana am nächsten Tag allerdings nicht. Sie ist, milde ausgedrückt, irritiert und will es genauer wissen. Also stellt sie Märthe zur Rede, indem sie nach oben geht, anklopft und es tatsächlich unverschämterweise wagt, das Zimmer zu betreten. Märthe schweigt zunächst hartnäckig und versucht Jana zu ignorieren, aber Jana ist hartnäckiger und will das Zimmer nicht ohne Erklärung verlassen.

So erfahren wir schließlich, dass Märthe Fotos ihrer Haarpracht auf Facebook gepostet und belustigte Kommentare aus der Heimat erhalten hat. Die Haarpracht war nach Insel-Maßstäben nicht perfekt, besonders in Hinblick auf die Herstellungsdauer.

Märthe fand das gar nicht lustig und dies hat sich negativ auf die Haltbarkeitsdauer der Kopfkunst ausgewirkt. Da der für Sonntag ausgewählte Brieffreund das Treffen auch noch kurzfristig abgesagt hat, wurde die unvollkommene Haarpracht nicht mehr benötigt und Märthe hat „aufgeräumt".

Jana ist nicht wirklich begeistert von dieser Erklärung, Sie hat vier Stunden ihrer Freizeit geopfert, doch das ist Märthe egal. Das Flechten hat kein Geld gekostet, also ist es nicht schlimm, dass die Haarpracht nur wenige Stunden (un)prächtig war. Da kostenloses Flechten nichts wert ist, empfiehlt Jana ihrer unzufriedenen Kundin, beim nächsten Mal den Friseur aufzusuchen.

Märthe kann die Aufregung nicht verstehen, und auch nicht, dass sie mit dieser Aktion mehr als nur ihre Haarpracht verloren hat.

Da Jana und Märthe ihre Kürzestfreundschaft beendet haben, muss Märthe zum Friseur, um eine neue Haarpracht zu erhalten.

Tatsächlich schafft sie es wieder einmal, uns zu überraschen, indem sie selbständig einen Termin macht. Dieser dauert über zwei Stunden, aber statt mit einer neuen Haarpracht kommt sie mit geglätteten Haaren zurück. Über den Preis möchte sie nicht sprechen.

Wie üblich verschwindet sie in ihrem Zimmer und erscheint zum Abendbrot mit einem Turban.

Später will Märthe von mir wissen, ob sie im Supermarkt das Glätteisen für 10 € oder für 29 € kaufen soll.

Ich habe keine Ahnung von solchen Geräten und empfehle ihr die französische Seite eines großen Online-Händlers, um dort die Bewertungen von verschiedenen Produkten zu lesen. Märthe hat keine Lust zu lesen und fragt ihre Schwester per Facebook um Rat. Deren

Exemplar hat allerdings über 200 € gekostet, die Luxusausgabe einer bekannten Marke. Märthe will deshalb einen der beiden Haarglätter aus dem Supermarkt kaufen und ich soll entscheiden.

Ich weigere mich und fahre mit ihr in die Stadt zum Elektromarkt. Sie soll sich beraten lassen und selbst entscheiden.

Dort stehen wir vor einem Regal mit recht großer Auswahl. Märthe sieht mich fragend an und ich blicke genauso fragend zurück. Als ein Verkäufer auf uns zukommt, interessiere ich mich plötzlich brennend für Kaffeevollautomaten.

Märthe hat, wen wundert es, keine Lust mit dem Fachpersonal zu reden, und zeigt wortlos auf ein rotes Glätteisen aus dem mittleren Preissegment. Ein Restposten ohne Karton und ohne Bedienungsanleitung, aber auf Nachfrage des Verkäufers nickt Märthe bestimmt. Gekauft.

Wieder zuhause fragt sie mich, wie das Gerät funktioniert. Ich habe noch immer keine Ahnung von Glätteisen und rate ihr, die Anleitung zu lesen. Da diese fehlt, beginnt Märthe zu experimentieren.

Falls sie ihre Haare dabei verbrennt, können wir ja neue Haarteile annähen ...

Die Schulfahrt

Märthe bringt mein Kind zur Schule. Aber eigentlich bringt nicht Märthe mein Kind zur Schule, sondern eine völlig fremde Frau fährt mein Kind zur Schule.

Diese Frau hat angehalten und gefragt, ob die beiden mitfahren wollen. Märthe wollte - warum auch immer. Wahrscheinlich, weil man auf ihrer Insel Erwachsenen nicht widerspricht unmit ihren 21 Jahren ist Märthe noch weit vom Erwachsensein entfernt.

Erfahren habe ich das nur, weil Silas mir davon erzählt hat.

Er hat natürlich auch gelernt, dass man tun muss /soll, was die Erwachsenen sagen (die, die man kennt). Vor allem aber kennt er die Regel „Traue keinem Fremden und steige niemals in ein fremdes Auto ein" und war dementsprechend verunsichert.

Aber Märthe wollte mitfahren. Sie kennt diese Regel scheinbar nicht, wie die Ausflüge mit ihren „Brieffreunden" regelmäßig unter Beweis stellen.

Nach diesen Informationen habe ich kurzzeitig hyperventiliert, dann meinen Mann per Telefon angebrüllt und anschließend bin ich eine Runde durch den Wald gerannt. Abends haben der Herr Papa und ich Märthe zum Gespräch gebeten.

Sie hat die Erzählung von Silas bestätigt und ich habe ihr mit bemüht ruhiger und gefasster

Stimme erklärt, dass ihr Verhalten dumm, verantwortungslos und gefährlich war und dass sie NIE, NIE WIEDER zusammen mit einem meiner Kinder in das Auto eines Fremden einsteigen wird, selbst dann nicht, wenn es ein „Brieffreund" ist.

Märthe bedankt sich - und geht.

Nach einer schlaflosen Nacht meinerseits rekonstruiere ich mit Silas den Fall.

Er zeigt mir die Stelle, wo die beiden eingestiegen sind, und entdeckt auch das Auto. Zu meiner Beruhigung stellt sich heraus, dass die fremde Frau eine Bekannte von uns ist. Sie kennt Silas vom Sportverein, er hat sie aber nicht erkannt.

Wir klingeln und lösen den Fall.

Zufrieden bin ich nicht, denn wir lassen Frau A mit schlechtem Gewissen zurück. Sie wollte nur helfen, weil Märthe und Silas (wieder einmal) zu spät waren. Obwohl ich mich für ihre Hilfe bedankt habe, fühlt sie sich jetzt schuldig, was wiederum mir ein schlechtes Gewissen macht.

Am Abend versuche ich noch einmal mit Märthe zu sprechen. Sie ist die Einzige ohne schlechtes Gewissen.

Ich versuche ihr zu erklären, dass in Deutschland Kinder von Fremden angesprochen und entführt werden. Dass ihnen dann Schlimmes passieren kann und diese Kinder oft nur noch tot oder gar nicht mehr gefunden werden.

Märthe erzählt mir, dass auf ihrer Insel auch Kinder entführt werden. Aber nur indische Kinder, weil die Inder alle reich seien, und der größte Teil der einheimischen Bevölkerung sei arm. Nach der Zahlung des Lösegeldes dürfen die Kinder dann wieder zu ihren Eltern zurück.

Auf Märthes Insel ist Kindesentführung scheinbar ein Kavaliersdelikt?!

Aber wir sind hier in Deutschland. Wir sind keine reiche indische Familie und die wenigsten

Kinder werden wegen des Geldes entführt. Sie werden entführt aus Gründen, über die ich überhaupt nicht nachdenken möchte.

Märthe möchte ebenfalls nicht darüber nachdenken. Schließlich hat diese fremde Frau ja angehalten, womit die Schuldfrage eindeutig geklärt wäre ...

Laufen

Wincent Weiss hat ein Lied über das Laufen und die frische Luft geschrieben, dessen Text ich sehr passend für mich finde. Laufen an der frischen Luft ist auch ein Teil meiner Therapie geworden.

Zum Glück wohnen wir am Wald, wo es viele Wege gibt, die sich als Laufstrecke eignen. Ich habe eine Kurzstrecke von 1,5 Kilometern gefunden. Diese hat den Vorteil, dass man nur wenig Zeit benötigt, um eine Runde durch den Wald zu laufen, und so seinen Ärger abzubauen. Möglicherweise erschrecke ich damit einige

Waldtiere, aber ein aufgeschrecktes Reh ist meiner Meinung nach besser als ein verstörtes Kind, das seine Mutter schreiend im Keller vorfindet. Ein weiterer Vorteil dieser Strecke ist, dass es sich um einen Rundweg handelt, den man bei Bedarf auch mehrmals laufen kann.

Der Nachteil besteht darin, dass man immer wieder am Ausgangspunkt ankommt. Das Laufen hilft zwar kurzfristig, kann das Problem aber nicht wirklich lösen. Davonlaufen ist also auch keine Lösung, aber das wusste ich vorher schon.

Auch Märthe läuft, weil sie „zu dick" ist und nicht „fett" werden will.

Zumindest ist sie anfangs gelaufen, mit der Laufgruppe unseres Ortes. Aber, wie sie nun mal ist, schweigend. Weitere Kontakte mit den Menschen dieser Gruppe hat sie abgelehnt.

Jetzt läuft sie nicht mehr. Denn ein Mann aus der Gruppe hat sie tatsächlich einfach so auf der Straße angesprochen, wie sie mir völlig entsetzt berichtet. Aber sie hat ihm nicht geantwortet und ist einfach weitergegangen.

Sie hat schließlich einen Ruf zu verlieren!

Außerdem ist es Herbst geworden und Märthe hat Angst vor dem Regen!

Vielleicht sollte sie eine Laufgruppe mit den Weather Girls bilden, bei denen regnet es Männer.

Märthe fährt in die große Stadt

Märthe möchte zu einem AuPair-Treffen in die Stadt fahren. Zur Sicherheit haben wir am Wochenende davor eine „Probefahrt" gemacht, damit sie lernt, wie man Zug fährt.

Wir haben zwei Stunden in der Stadt verbracht und den Dom besichtigt (für Märthe), im amerikanischen Schnell-Restaurant gegessen (für die Kinder) und die CD-Abteilung eines großen Elektromarktes besucht (für den Herrn

Papa). Ich habe versucht, mich in einem Schuhladen selbst zu therapieren, weil ich keine Möglichkeit zum Schreiben hatte.

Märthe ist wie immer schweigend drei Schritte hinter uns hergelaufen. Abgesehen davon, dass ich meine Tragetasche mit den Schuhen mehrmals verteidigen musste („Nein Märthe, ich will meine Tasche selber tragen!"), ist der Tag recht ereignislos verlaufen.

Und wäre es auch geblieben, hätte es da nicht diesen Junggesellen-Abschied gegeben.

Wir sind stehen geblieben, weil unsere Jungs einem Straßenmusiker zuhören wollten. Eine Horde leicht angetrunkener junger Männer in Begleitung einer "Schlumpfine" ebenfalls. Einer der Männer, vermutlich der Bräutigam, muss auf Befehl des blauen Fräuleins sein Hemd ausziehen und soll zur Musik tanzen. Er tut es.

Zeitgleich schreit Märthe vor Entsetzen laut auf, reißt ihre riesige Handtasche nach oben vor ihr Gesicht, dreht sich um und rennt blindlings davon. Geistesgegenwärtig schreit mein Mann: „Stopp!!!".

Sie bleibt tatsächlich stehen, kommt aber erst zu uns zurück, als die Gruppe weiterzieht. Der Bräutigam in spe noch immer oben ohne. „Warum macht der Mann das?", fragt Märthe fassungslos, „Ich verstehe nicht...".

Wir erklären ihr, der Mann müsse das machen, weil der sogenannte „Junggesellenabschied" vor der Hochzeit eine deutsche Tradition sei.

„Frauen machen das auch", fügt Konrad altklug hinzu, vergisst aber zu erwähnen, dass die Braut ihr Oberteil (meistens) anlässt.

Märthe wird bleich und scheint einer Ohnmacht nahe. So schwierig hatte sie sich die Heirat mit einem deutschen Mann nicht vorgestellt.

***

Märthes Fahrt am nächsten Wochenende zu dem AuPair-Treffen war ebenfalls ein Abenteuer.

In weiser Voraussicht hatten wir ihr das Handy von Konrad mitgegeben.

Es hätte alles ganz einfach sein können. Wir hatten ihr eine Bahn-Verbindung ohne Umsteigen ausgesucht und den Namen der Haltestelle, an der sie aussteigen muss, auf einem Zettel notiert. Sie musste dann nur noch bis zum Ende der Straße laufen, dann links abbiegen und bis zur richtigen Hausnummer gehen. Das hat auch geklappt.

Aber die Rückfahrt gestaltete sich schwierig.

Die Anweisung des Herrn Papa lautete: „Gehe den gleichen Weg zurück, an der Haltestelle steigst du in die Bahn mit der Nummer 17 ein und steigst erst wieder aus, wenn du an dem Bahnhof mit dem roten Haus angekommen bist. Da, wo du am Morgen in den Zug gestiegen bist. Ich warte am Bahnsteig!"

Am Ende der Veranstaltung hat sich Märthe mit den anderen AuPairs auf den Rückweg gemacht. Diese sind an einer anderen Haltestelle in einen Bus gestiegen und Märthe mit ihnen. Irgendwann hat sie gemerkt, dass dieser Bus nicht zu ihrer Haltestelle fährt. Also ist sie ausgestiegen und hat verschiedene Leute gefragt, wohin sie muss. Das wussten diese Leute natürlich nicht, aber ein netter Herr hat ihr ein Taxi gerufen und sie ist damit zu ihrer Haltestelle gefahren. Doch dieser Chauffeur wollte im Gegensatz zu mir tatsächlich Geld haben. Wie unverschämt von ihm!

Glücklich dort angekommen, ist sie in die nächste S-Bahn gestiegen. Leider war es nicht ihre Linie, was Märthe recht spät gemerkt hat. Irgendwann am Abend haben wir einen hysterischen Anruf bekommen. Märthe hatte Angst, dass sie nicht mehr nach Hause findet, weil der Zug falsch fährt. Was soll sie jetzt tun?

Wir konnten ihr nicht weiterhelfen, weil sie uns nicht erklären konnte, wo sie ist. Ein anderer netter Mann im Zug, der das Gespräch durch ihr

Geschrei zwangsweise mitbekommen hat, hat uns die Situation dann geschildert. Er hat auch versprochen, Märthe am Hauptbahnhof zum richtigen Zug zu bringen. Zum Glück hatte sie noch nie ein Problem damit, mit Männern mitzugehen.

Unser ver(w)irrtes AuPair erhält noch einmal den strikten Befehl, aus diesem Zug erst wieder am Bahnhof mit dem roten Haus auszusteigen, wenn sie den Herrn Papa sieht. Da wo sie morgens losgefahren ist.

Eine halbe Stunde später der nächste aufgeregte Anruf. Der Herr Papa steht nicht am Bahnhof! Kann er auch nicht, weil der Zug erst in einer halben Stunde ankommt – jetzt ohne Märthe.

Sie berichtet, wieder sehr aufgeregt, dass der Zug nicht mehr weiterfahren wollte. Deshalb ist sie ausgestiegen und hat den Herrn Papa gesucht. Dann ist der Zug doch weitergefahren und jetzt steht sie am falschen Bahnhof.

Wir beruhigen sie und finden heraus, dass der nächste Zug in einer halben Stunde fährt. Sie muss warten und dann in den Zug mit der Nummer 17 einsteigen – und nur in diesen Zug, völlig egal, wie viele Züge vorher am Bahnhof halten. Und erst am Bahnhof mit dem roten Haus aussteigen, und nur da!

Märthe versteht – hoffentlich!

Mit zwei Stunden Verspätung kommt Märthe endlich am richtigen Bahnhof an, wo der Herr Papa schon wartet. Zur Sicherheit ist der extra früh losgefahren, damit sie ihn sieht und auch wirklich aussteigt.

Sie steigt aus- und bleibt entsetzt stehen. Das ist nicht die Stelle, an der sie eingestiegen ist! Zwischen ihr und dem Herrn Papa liegen tatsächlich Gleise. Ein unüberwindbares Hindernis!

Der Herr Papa winkt und Märthe ruft ihm voller Verzweiflung zu: „Ich weiß nicht, wie ich gehen muss?!"

Bevor sie sich auf die Gleise stürzt, holt der Herr Papa sie ab und geleitet sie sicher über die Treppe durch die Unterführung zum Ausgang.

Völlig aufgeregt schildert sie uns dann in einer Sprechstunde ausführlich und lautstark ihre Odyssee.

Und wer hat Schuld? Nach Märthes Meinung die anderen AuPairs natürlich, die mit dem Bus fahren wollten ...

Wer schreit, dem muss geholfen werden

Wie mittlerweile bekannt sein dürfte, spricht Märthe normalerweise nicht. Wovon ich jedoch noch nicht erzählt habe, ist ihr Schreien.

Wenn sie einer Dienstleistung bedarf, steht sie im Flur und schreit meinen Namen laut durchs ganze Haus. Bevorzugt an Wochentagen morgens, wenn ich im Badezimmer stehe und

Zähne putze. Dann schafft sie es schreiend bis zur Badezimmertüre, die ich jetzt zur Sicherheit immer abschließe.

Es ist Montag. Ich habe frei und stehe gerade im Keller vor der Waschmaschine. Fünf Mal höre ich, wie sie meinen Namen laut durchs Haus brüllt. Ich gebe auf und gehe nach oben.

„Was ist los, Märthe?"

„Ich habe leere Wasserflaschen auf den Tisch gestellt", teilt sie mir mit.

„Ja, das sehe ich", antworte ich und schaue sie fragend an.

Märthe schweigt.

Ich gehe wieder in den Keller. Die leeren Flaschen lasse ich demonstrativ auf dem Tisch stehen.

Unten angekommen höre ich, wie sie erneut meinen Namen brüllt. Seufzend kehre ich um.

Märthe steht noch immer an der gleichen Stelle.

„Ja, Märthe?", frage ich.

„Ich möchte ein Wasser tragen!"

(Das bedeutet: „Ich möchte eine Flasche Wasser")

„Dann nimm dir eine."

„Es ist keine Flasche in der Küche!"

„Dann musst du dir eine neue Flasche aus der Wasserkiste im Keller holen. Da wo auch die leeren Flaschen wieder hingehören!"

„Also, ich gehe in den Keller Wasser holen?"

„Ja Märthe, wenn du eine Flasche Wasser willst, gehst du in den Keller und holst dir eine!"

Sie dreht sich um und geht. Nicht in den Keller, sondern zur Haustür raus, zum Supermarkt, um eine Flasche Wasser zu kaufen.

Ich gehe zurück in den Keller und nehme die leeren Flaschen mit.

Wie wir später erfahren haben, hat Märthe Angst in den Keller zu gehen. In den Kellerräumen sind Bewegungsmelder angebracht, das heißt, das Licht geht an und aus, ohne dass jemand auf den Schalter gedrückt hätte.

Kurz vor dem Mittagessen schreit Märthe erneut. Um diese Zeit macht sie meist ihren Kontrollgang durchs Esszimmer. Das heißt, sie kommt durch die Esszimmertür herein, um zu sehen, ob das Essen auf dem Tisch steht. Ist der Tisch bereits gedeckt, setzt sie sich und wartet. Wenn nicht, geht sie weiter durch die Küche, wirft einen Blick in Richtung Herd und geht wieder.

Ich koche, sowohl das Essen auf dem Herd als auch innerlich, deshalb geht sie wieder die Treppe hoch in ihr Zimmer.

Da klingelt es an der Haustür.

Völlig unerwartet öffnet sie tatsächlich und Sekunden später brüllt sie meinen Namen. Genervt schaue ich in den Flur. Was ist jetzt schon wieder los?

Ein Mann steht an der Tür und hat ein Geschenk für sie, das sie nicht annehmen will.

Der Mann ist mit einem gelben Auto gekommen. Ich nehme das Päckchen entgegen, unterschreibe und gehe wieder in die Küche.

Märthe ist wieder einmal empört: „Ich weiß nicht, was dieser Mann von mir will. Er will mir das geben und ich soll dann unterschreiben. Warum will er meinen Namen wissen? Ich kenne diesen Mann nicht!"

„Märthe, das ist der Postbote, der macht nur seinen Job!"

„Aber ich verstehe nicht, warum..."
Wie auch, wenn sie selbst es nicht versteht, ihren zu erledigen.

Schwimmbad

Märthe trifft wieder einmal einen Brieffreund und will mit ihm ins Schwimmbad fahren.

Ins Schwimmbad?

Wir wundern uns sehr, da sie Angst vor Wasser hat und wir uns noch gut an ihre Reaktion auf den Mann mit dem nackten Oberkörper in der großen Stadt erinnern.

Sie will sich tatsächlich mit einem halbnackten Mann im Wasser treffen?

Seltsam, aber Märthe selbst ist mehr als seltsam und Wunder geschehen schon mal.

Sie teilt uns mit, dass sie erst am frühen Abend zurück sein wird, und macht sich wie üblich auf den Weg zum Treffpunkt Supermarkt-Parkplatz.

Keine zwei Stunden später ist sie zurück.

Das Treffen ist wohl nicht so gut verlaufen?

Nein! Märthe ist empört.

Der Brieffreund hat tatsächlich erwartet, dass sie mit ins Wasser kommt. Damit ist die

Verabredung dann im wahrsten Sinn des Wortes ins Wasser gefallen.

Märthe wäre eigentlich noch früher zurück gewesen, aber sie konnte ihre Kleider nicht finden und musste sich erst Hilfe holen.

Sie wusste nicht, dass die Nummer auf dem Armband zum Spind gehört.

Samstag

Märthe will sich mit einem ihrer bevorzugten Brieffreunde treffen, um in die Stadt zu fahren. Dort möchte sie sich mit zwei anderen AuPairs treffen, die sie im Sprachkurs kennengelernt hat. Gegen 17 Uhr will sie wieder zurück sein, um sich am Abend dann mit einem anderen Brieffreund zu treffen.

So lautete der Plan.

Aber das erste Treffen fällt aus, weil der Freund nicht zum Parkplatz gekommen ist.

Unseren Vorschlag, wieder mit dem Zug zu fahren, lehnt sie ab. Dafür ist ihr das Treffen nicht wichtig genug.

Als Ersatzhandlung möchte Märthe heute wieder einmal „das Haus putzen" und ich überlege kurz, ob stattdessen nicht ich in die Stadt fahren und mich mit den AuPairs treffen soll.

Aber Flucht wäre feige. Ich bin mutig und lasse Märthe das Wohnzimmer saugen. Was soll da schon schiefgehen? Dass kleine Lego-Steine im Staubsaugerbeutel verschwinden, hat bei uns mittlerweile schon Familientradition.

Allerdings möchte ich nicht, dass sie schon wieder die Fenster streifig putzt, und ich verbiete ihr ausdrücklich, das teure Geschirr aus der Vitrine zu spülen. Einen weiteren Spülgang mit der Bürste würde das Dekor nicht überleben.

Auch die Musik-Anlage meines Mannes, sein drittes Kind (eigentlich das vierte, seit Märthe sich quasi selbst adoptiert hat), darf nicht mehr feucht gewischt werden.

„Nur saugen, Märthe, saugen reicht!!!", lautet deshalb die Anweisung.

In Ermangelung weiterer Putzmöglichkeiten weicht Märthe nach einer halben Stunde ins obere Stockwerk aus und beschließt, dort zu saugen.

Von den Kinderzimmern hält sie wie üblich möglichst viel Abstand. Die Zusammenarbeit mit den Kindern ist der Teil ihrer Aufgaben, dem sie nicht gewachsen ist.

Zehn Minuten später ist sie wieder unten und brüllt in gewohnter Manier meinen Namen durchs Haus.

Ich finde es immer wieder erstaunlich, wie lange sie die vier Buchstaben ziehen kann. Irgendwie erinnert mich das an die Boxkämpfe früher im Fernsehen: „Reeaadyyy toooo rrrrruuuuumble!" Bei uns ist es ein verbaler Schlagabtausch, in den wenigen Momenten, in denen Märthe wirklich spricht.

Sie braucht ein Verlängerungskabel, damit sie ihr ganzes Zimmer saugen kann. Ich bin verwirrt, denn ich habe dieses Zimmer viele Jahre lang ohne Verlängerungskabel gesaugt.

Mein Mann zögert nicht lange und holt ihr das gewünschte Kabel.

„Lass sie einfach machen", sagt er.

Er hat mittlerweile gelernt, dass man Märthe und ihre Probleme nicht immer verstehen kann. Man muss sie hinnehmen – oder durchdrehen.

Ich will beides nicht, das ist der Grund, warum ich schreibe. Mein Mann schreibt nicht gerne. Er hat sich gegen das Durchdrehen und fürs Hinnehmen entschieden, zum Glück.

Zwei Problem-Fälle in einer Familie wären eindeutig zu viel.

Kurz darauf geht Märthe zum Herrn Papa. Sie braucht ein weiteres Verlängerungskabel, um die Treppe zu saugen und dann nass zu wischen.

Ich sehe unsere über fünfzig Jahre alte Echtholz-Treppe in akuter Gefahr und schreite ein.

Mein Mann findet, ich reagiere übertrieben. Er erklärt Märthe aber trotzdem, sie habe für heute genug geputzt.

Fünf Minuten später höre ich, wie sie erneut meinen Namen durchs Haus brüllt. Sie möchte mir das Kabel zurückgeben.

Danach verschwindet sie wieder einmal bis auf weiteres in ihrem Zimmer.

Kirchgang

Märthe hat die Abend-Verabredung mit einem Brieffreund per Mail abgesagt, da sie immer noch kein Handy hat. Stattdessen möchte sie zur Kirche gehen.

Wir führen folgenden Dialog:

„Ich möchte zur Kirche fahren", sagt Märthe.

„Ja, okay, tschüss", antworte ich.

„Nein, Sie verstehen nicht, ich möchte zur Kirche fahren."

„Das Auto steht draußen."

„Sie wissen, ich habe keinen Führerschein."

„Dann musst du zur Kirche laufen."

„Aber vielleicht gibt es Regen?"

„Dann nimm einen Schirm mit."

„Herr Papa, ich möchte zur Kirche fahren!"

„Ich habe es gehört. Nimm einen Schirm mit, dann wirst du nicht nass, falls es Regen gibt", antwortet mein Mann, diesmal überhaupt nicht hinnehmungsvoll.

In diesem Moment ist er für mich wieder einmal der beste Ehemann von allen!

Märthe wendet sich mit beleidigtem Gesicht ab und geht - ohne Schirm - zur Kirche.

Wie man aus diesem Dialog vielleicht schließen kann, war der Tag mit Märthe wieder einmal anstrengend.

Was man daraus nicht schließen kann: Die Kirche ist nur etwa 800 Meter entfernt. Das ist eine Distanz, die man leicht zu Fuß bewältigen kann. Es sei denn, man hat Angst vor Regen.

Nach etwas mehr als einer Stunde kommt sie wütend zurück. Der Brieffreund ist schuld!

Er hat seine Mails nicht gelesen und deshalb wie verabredet auf dem Parkplatz gewartet. Dort geht Märthe auf dem Weg zur Kirche vorbei und trifft so doch noch ihren Brieffreund. Es hat tatsächlich angefangen zu regnen. Deshalb will er sie zur Kirche fahren. Sie will aber nicht im Auto eines Mannes gesehen werden, der nicht der Herr Papa ist.

Sie habe ihm gesagt, sie wolle nicht mitfahren, aber er hat „insistiert" und sie gezwungen in sein Auto zu steigen, erzählt sie uns.

Jetzt ist sie richtig wütend auf den Brieffreund.

Wieder folgt ein Dialog:

„Gezwungen? Wie gezwungen?", will ich wissen.

„Sie verstehen nicht!? Er hat mich gezwungen mit ihm zu fahren!!!"

„Hat er dich etwa mit Gewalt ins Auto gezerrt?" Entführt? Zur Kirche?".

„Nein, sie verstehen nicht! Er hat mir gesagt ich soll einsteigen!"

„Ja und? Warum bist du dann eingestiegen, wenn du nicht einsteigen wolltest?"

„Nein, sie verstehen nicht, er hat es verlangt. Insistiert hat er!"

„Zum Glück wollte er dich nur zur Kirche fahren", sagt mein Mann trocken.

Märthe kann nur den Kopf schütteln über so viel Unverständnis – und geht in ihr Zimmer.

Märthe singt im Chor

Märthe geht gerne und oft in die Kirche, aus religiösen Gründen und weil man da schweigen kann.

Da sie zuhause viel und laut in ihrem Zimmer hinter verschlossener Tür singt, habe ich ihr vorgeschlagen, im Kirchenchor zu singen. Märthe hat abgelehnt, weil sie nicht singen kann.

Das habe ich gemerkt, aber ich dachte, etwas mehr Kontakt zur Außenwelt würde ihr guttun.

Nach einem sonntäglichen Kirchenbesuch der ganzen Familie - ja, wir haben uns bemüht, anfangs, als wir noch dachten, es könnte besser werden- wurde Märthe von Frau U gefragt, ob sie nicht im Chor mitsingen wolle, vielleicht im Jugendchor?

Wenn eine Erwachsene fragt, kann Märthe natürlich nicht „Nein" sagen und ist so Sängerin im Kirchenchor geworden. Den Jugendchor hat sie abgelehnt, das wäre dann doch zu viel des Guten gewesen. Mit Gleichaltrigen in Kontakt zu kommen ist Zeitverschwendung, denn sie möchte einen älteren Mann heiraten.

Von da an fährt Märthe montags im Privat-Taxi von Frau U zur Chorprobe und nimmt sogar an einem Konzert teil. Wir waren nicht dabei, Märthe hatte vergessen, uns davon zu erzählen.

Danach kam die nächste Veranstaltung des Kirchenchores, ein geselliges Beisammensein am Sonntagnachmittag sollte es werden.

Märthe hatte keine Lust teilzunehmen. Sie hat in der Probe erzählt, sie müsse erst um Erlaubnis fragen.

Frau U dachte, es könnte ein Problem für uns sein, deshalb hat sie für Märthe nachgefragt und zu deren großer Enttäuschung haben wir eingewilligt.

Nun musste sie wohl oder übel mit, die arme Märthe, und es war furchtbar für sie.

Die Leute haben viel geredet und Märthe hat geschwiegen. Die anderen Chormitglieder haben viel Kuchen gegessen, aber Märthe nicht, aus Angst zu fett zu werden für heiratswillige Männer. Alle hatten Spaß – nur Märthe nicht.

Die anderen hatten sogar so viel Spaß, dass das Treffen länger gedauert hat als ursprünglich geplant und unser gestresstes AuPair statt am späten Nachmittag erst um halb neun Uhr abends zurück war.

Frau U hat sich bei uns entschuldigt, weil sie Märthe erst so spät bringt, aber wir haben das nicht schlimm gefunden – ganz im Gegensatz zu Märthe.

Nachdem Frau U weg war, hat sie ihrem Unmut Luft gemacht. Sie wollte nicht so lange bleiben, aber keiner hat sie nach Hause gebracht!

„Hast du gesagt, dass du nach Hause fahren möchtest?", will ich wissen.

„Nein, aber keiner hat mich gefragt, ob ich bleiben will. Ich wollte nicht bleiben!".

„Warum hast du das nicht gesagt, Märthe?".

„Frau U. hat nicht gesagt, dass es so lange dauert."

„Warum sagst du nicht einfach, was du willst?"

Märthe schweigt.

„Wer spricht, dem kann geholfen werden", sagt der Herr Papa.

Plötzlich spricht Märthe tatsächlich!

Sie verlangt, dass ich Frau U anrufe. Ich soll mich beschweren, weil Märthe so lange weggeblieben ist.

Ich sage ihr, sie solle selbst anrufen.

Sie redet sich damit heraus, dass sie die Nummer nicht weiß und auch nicht, wie das Telefon funktioniert. Märthe will, dass ich für sie anrufe und Frau U sage, dass ich sehr ärgerlich bin.

Bin ich jetzt auch, aber nicht wegen Frau U!

Das Thema Chor hat sich dann zu Märthes Erleichterung von selbst erledigt. Der Sprachkurs, zu dem sie gehen soll, findet ebenfalls an einem Montagabend statt.

Ich habe ihr vorgeschlagen, in den Donnerstag-Kurs zu wechseln, da sie das Laufen aufgegeben hat und der Abend frei ist.

Aber Märthe weiß diesmal genau, was sie will: in den Kurs am Montag. Das sei, so sagt sie, der bessere Termin.

Sie will den anderen aber nicht sagen, dass sie nicht mehr zum Chor kommt. Ihrer Meinung nach wird Frau U das selbst merken, wenn sie Märthe abholen will und die im Sprachkurs ist.

Jetzt muss doch ich bei Frau U anrufen.

Der Sprachkurs

Der Ausbau der Sprachkenntnisse ist für ein AuPair der Hauptgrund für einen Aufenthalt in einem fremden Land.

In der Regel besuchen die AuPairs an zwei Tagen in der Woche einen Kurs der VHS. Auch Märthe wird einen solchen Kurs besuchen, weshalb ich mich vorab schon einmal auf die Suche gemacht habe. Diese gestaltet sich schwierig, da momentan überwiegend Intensiv-Kurse für Geflüchtete angeboten werden. Solche Kurse finden täglich statt und gehen über mehrere Stunden, so dass Märthe keine Zeit mehr für die Kinderbetreuung bliebe. Ich recherchiere stundenlang im Internet, um in den umliegenden Städten und Gemeinden einen Kurs zu finden, der mit dem öffentlichen Nahverkehr zu erreichen ist und zu Märthes Arbeitszeiten passt. Schließlich finde ich einen

Abend-Kurs in der nächstgrößeren Stadt, die mit der Bahn in 35 Minuten zu erreichen ist.

Märthe hat auf ihrer Insel am Goethe-Institut bereits das Zertifikat für das A-Level erhalten und während ihrer Wartezeit auf das Visum mit dem B2-Level begonnen. Den B1-Kurs hat sie, warum auch immer, übersprungen.

In Deutschland angekommen teilt sie mir mit, dass sie doch noch einmal den A(nfänger)-Kurs besuchen möchte, weil sie glaubt, das Niveau am Goethe-Institut ihrer Heimat sei niedriger als in Deutschland. Sie hat Angst, im B-Kurs nichts zu verstehen. Meine Erklärung, dass die Zertifikate international und die Anforderungen identisch seien, akzeptiert sie nicht.

Also mache ich mich erneut auf die Suche, was zum Glück nicht sehr lange dauert. In der Nachbargemeinde gibt es einen A-Kurs, der zwar schon länger läuft, doch Märthe kann noch einsteigen. Da die Dozentin bei uns im Ort wohnt, hat sie sogar eine Mitfahrgelegenheit.

Nach dem ersten Kursabend erzählt uns Märthe in einer „Sprechstunde", dass die anderen Teilnehmer alle „dumm" seien, weil sie nicht viel verstehen und kaum Deutsch sprechen.

Das wird wohl der Grund sein, warum sie einen Anfängerkurs besuchen.

Außerdem braucht Märthe ein Lehrbuch für den Kurs. Welches weiß sie nicht genau. Das, das die andern auch haben, Titel oder die ISBN-Nummer kennt sie nicht. Sie will die Dozentin auch nicht fragen, deshalb kaufe ich keins und sie besucht den Kurs weiterhin ohne Buch.

Nach einigen Kursstunden berichtet Märthe von einem Mann, der in der nächsten Woche die B1-Prüfung machen wird. Sie möchte diese Prüfung ebenfalls machen. Ich frage sie, wann und wo die Prüfung stattfindet. Das weiß Märthe nicht, weil sie nicht gefragt hat. Sie weiß nur, dass sie nächste Woche unbedingt diese Prüfung machen will.

Also rufe ich die Dozentin an und erkundige mich. Diese ist erstaunt, weil Märthe im Kurs nichts davon erwähnt hat. Für diese Prüfung gibt es Anmeldefristen, Prüfungsgebühr und sonstigen Formalitäten. Kurz gesagt, für Märthe wird es in der nächsten Woche keine Prüfung geben. Zusätzlich erfahre ich, dass der Kurs zum Ende des Monats ausläuft und es keinen Anschlusskurs geben wird. Die Dozentin bietet uns für Märthe Kommunikationstraining als Einzelunterricht an, da sie die Grundlagen der Rechtschreibung und Grammatik schon beherrscht. Für die B1-Prüfung benötigt Märthe mehr Sprachpraxis, denn auch im Kurs spricht sie nicht. Diese würde sie im Einzelgespräch gezwungenermaßen erhalten.

Ich finde die Idee gut, da Märthe sich die Zeiten und auch die Themen frei wählen könnte.

Das, was ich als Chance gesehen habe, findet Märthe gar nicht gut und sie lehnt ab. Sie möchte weder Einzelunterricht noch einen anderen Kurs machen, sie will die B1-Prüfung in der folgenden Woche machen. Mehr brauche sie nicht, wie sie mir trotzig erklärt.

Ich wende mich an die Agentur und frage, ob ein AuPair zwingend einen Sprachkurs besuchen muss. Frau M. von der Agentur findet die Frage ungewöhnlich, aber nein, ein Sprachkurs sei keine Pflicht. Frau M. rät mir aber, uns zur Sicherheit den Verzicht auf den Sprachkurs von Märthe schriftlich bestätigen zu lassen. Das tue ich, denn ohne Sprachkurs muss ich auch den Zuschuss für Kursgebühren und Fahrtkosten nicht zahlen.

Eine Woche später erhält Märthe von der Agentur einen Fragebogen, der standardmäßig an AuPairs verschickt wird. Sie gibt an, dass sie sehr zufrieden ist, aber kein Geld für den Sprachkurs (den sie nicht besucht) und die

Fahrkarte (die sie nicht benötigt) erhält. Die Agentur fragt bei mir nach und ich verweise auf meine Mail aus der Woche zuvor.

Als Märthe erfährt, dass sie dieses Geld nur für tatsächlich entstandene Unkosten erhält und nicht als zusätzliches Taschengeld behalten darf, möchte sie, man glaubt es kaum, doch wieder einen Kurs machen.

Ich empfehle den ursprünglich von mir ausgesuchten B2-Kurs, weil sie damit zuhause bereits begonnen hat und dann die B2-Prüfung machen kann.

Märthe will aber unbedingt die B1-Prüfung machen.

Ich versuche, es an einem Beispiel zu erklären:

„Wenn du gleich den Führerschein für große Autos machst, dann darfst du mit diesem Führerschein auch kleine Autos fahren, ohne einen Führerschein für kleine Autos. Umgekehrt geht das aber nicht."

Märthe erinnert mich daran, dass sie keinen Führerschein hat und die B1-Prüfung machen will. Also melden wir sie für den B1-Kurs an.

Später haben wir erfahren, dass Märthe ein B1-Zertifikat braucht, um eine verlängerte Aufenthaltserlaubnis in Deutschland zu erhalten. Falls es in den zwölf Monaten als AuPair mit dem Heiraten nicht geklappt hat ...

Der Herr Papa

Die Idee zu den folgenden Zeilen hatte ich durch ein Lied des großartigen Peter Alexander. Darin besingt er einen Vater, der alles, aber auch wirklich alles, für seine Familie regelt.

Aus Gründen des Urheberrechts musste ich den Refrain des Originals streichen. Geblieben sind nur meine Zeilen zu Märthe und ihrem „Herrn Papa". Dem ist diese Anrede sehr

unangenehm, ich finde es eher lustig. Wie viele
Kinder siezen ihre Eltern heutzutage noch?

Die Märthe fährt zum Sprachkurs hin
und läuft am Raum vorbei.
Der Zettel, den ich für sie schrieb,
den hat sie nicht dabei.
Da Herr Papa nicht helfen kann,
hilft ihr ein andrer Mann.
Der schickt sie in den falschen Kurs,
weil sie nicht sprechen ~~kann~~ will.
Das ist nicht schlimm, sie merkt es nicht,
bleibt einfach mal dabei.
Auch wenn ihr Name auf der Liste fehlt,
das ist doch einerlei.
Sie meldet sich dann nochmals an,
die Dozentin freut sich sehr.
Ich aber später wunder mich,
Dozent war doch ein Herr?
Die Märthe sagt, sie weiß von nichts.
und blickt Herrn Papa an.

Er regelt das bestimmt für sie,
er ist ihr Supermann!

Die Märthe kommt vom Kurs nach Haus,
der Zug öffnet die Tür.
Die Tränen kullern ihr herab,
Herr Papa ist nicht hier!
Sie wartet nicht, läuft in die Stadt,
geht in die Kneipe rein
und fragt dort den verwirrten Wirt:
„Wo ist der Papa mein?"
Der Wirt gibt ihr ein Telefon,
sie ruft den Papa an.
Der wartet längst am Bahnsteig schon,
was sie nicht glauben kann.
Er sagt zu ihr, sie soll zurück,
er steht an Bahnsteig drei.
Sie rennt schnell los, stoppt dann abrupt,
es folgt ein spitzer Schrei,
denn Märthe weiß den Weg nicht mehr,
jetzt ist's mit ihr vorbei!

Der Wirt hört das, erbarmt sich ihr,
er ruft den Papa an.
Erklärt den Weg, Herr Papa kommt,
der tut halt, was er kann!
Die zweite Zugfahrt ist auch nicht geglückt,
schon wieder ein Problem!
Ein Handy braucht die Märthe nun,
das kann man wohl verstehen,
deshalb muss der Herr Papa nun
mit ihr eines kaufen gehen.
Die beiden fahren zum Geschäft,
da gibt's der Handys viel,
doch Märthe spricht schon wieder nicht
und kommt so nicht zum Ziel.
„Herr Papa", fragt sie, „was meinen Sie?
Was ist der beste Kauf?"
Herr Papa will jetzt auch nicht mehr,
fährt nach Hause und gibt auf.

Herr Papa will's nicht regeln,
er denkt gar nicht daran!

Er macht jetzt nichts mehr von dem,
was Märthe selber kann.
Er wird's für sie nicht regeln,
da hat sie heut' kein Glück -
Und wenn sie nichts alleine kann,
dann muss sie halt ....

                                    ... zurück

Märthe kommuniziert . . .

... hauptsächlich über Facebook mit ihren
„Brieffreunden". Diese trifft sie aber auch
persönlich von Angesicht zu Angesicht oder
besser "face to face", um den Bezug zu ihrem
Lieblingsmedium herzustellen. Ob sie ihrem
Gegenüber dabei in die Augen bzw. ins Gesicht
sieht, kann ich nicht sagen, da ich noch keinen
Brieffreund persönlich getroffen habe und
befragen konnte.

Bei den wenigen persönlichen Gesprächen mit uns vermeidet sie jeglichen Blickkontakt. Es ist irritierend sich mit jemandem zu unterhalten, der schräg an einem vorbei auf den Boden sieht.

Generell vermeidet unser AuPair jegliche sozialen Kontakte mit Menschen, die ihr nicht direkt von Nutzen, sprich heiratsfähige Männer, sind. Das ist auch der Grund, warum wir sie nicht mehr mitnehmen, wenn wir eingeladen sind.

Märthe schafft es, jeder Familienfeier oder Grillparty mit ihrem lautstarken Schweigen den Schwung zu nehmen, indem sie oft mehrere Stunden auf einem Stuhl sitzt und missmutig und gelangweilt Löcher in die Luft starrt.

Wäre es nicht Märthe, könnte man denken, sie sei in tiefer Meditation versunken, um über den Sinn des Lebens nachzudenken. Aber den hat sie für sich bereits gefunden: Einen deutschen Mann heiraten.

Lange haben wir uns gefragt, warum Märthe immer mitkommen möchte, wenn sie kein

Interesse am Kontakt mit anderen Menschen hat?

Die Lösung ist einfach: Märthe hat Angst, wenn sie alleine zuhause ist.

Als wir ins Freibad gefahren sind, wollte Märthe nicht mitkommen. Nach einer Stunde hat sie mir mehrere aufgeregte Nachrichten über Facebook geschickt, um mir mitzuteilen, dass außer ihr keiner zuhause sei. Das wussten wir bereits.

Da ich im Freibad kein Handy hatte, habe ich die Nachrichten nicht gelesen und bei unserer Rückkehr haben wir eine völlig aufgelöste, fast panische Märthe angetroffen.

Sie war den ganzen Nachmittag alleine, hatte nichts mehr zu trinken in ihrem Zimmer und war deshalb völlig verzweifelt.

Damit sich dieses Trauma nicht wiederholt, wählt sie lieber das kleinere Übel und verlässt die selbstgewählte Isolation ihres Zimmers, um uns zu begleiten.

Bei den Gastgebern angekommen versucht sie dann in der Menge unsichtbar zu werden, nicht ahnend, dass ihre starre Körperhaltung und das lautstarke Schweigen sie umso mehr aus der fröhlich plaudernden Masse herausstechen lassen.

„Was ist das Programm für heute?"

Auf der Rangliste der Sätze, die ich seit wenigen Wochen hasse, nimmt dieser die Plätze 1 bis 10 ein. Dann folgen die Sätze „Kann ich bitte ein Glas Wasser trinken?", „Kann ich bitte eine Scheibe Brot nehmen?" und „Darf ich bitte das Haus verlassen?"

„Nein, nein, und nochmal nein!"

Wir sind schließlich die härteste Haftanstalt Deutschlands!

Ich bin davon ausgegangen, dass wir ein AuPair beschäftigen und keine Gefangene halten.

Märthe denkt da scheinbar anders. Das wird wohl auch der Grund sein, warum sie sich den ganzen Tag selbst in ihrem Zimmer einschließt.

Immerhin habe ich ihr den Kontakt mit Männern erlaubt, was auf Märthes Insel (wie ich dann später erfahren habe) nicht geduldet wird. Dort sind solche Treffen scheinbar erst nach der Hochzeit erlaubt.

Märthe nutzt meine Erlaubnis des Männer-Kontakts reichlich (eigentlich wollte ich „schamlos" schreiben, aber das schien mir dann doch zu hart) aus, ihre „Site" scheint erfolgreich zu sein.

Es ist kein Problem für Märthe, verschiedene Dates an einem Tag zu koordinieren, aber den immer gleichen Ablauf ihrer täglichen Aufgaben kann sie sich einfach nicht merken.

Wir sagen „Tschüss" oder „Auf Wiedersehen", wenn jemand das Haus verlässt. Märthes Abschiedsformel am Morgen lautet „Was ist das Programm für heute?".

„Was ist das Programm für morgen?", sagt sie, wenn andere sich eine „Gute Nacht" wünschen.

Zu Anfang habe ich Märthe einen Terminplaner gekauft, damit sie die Termine der Kinder notieren kann und weiß, wann sie welches Kind bringen oder abholen muss.

Da unser AuPair weder Auto noch Fahrrad fahren kann, übernehme ich weiterhin die Termine der Kinder und Märthe nutzt den Terminplaner für ihre „Brieffreunde".

Als Nächstes habe ich ihr einen detaillierten Wochenplan geschrieben, damit sie weiß, was wann zu tun ist und sie die erledigten Sachen abhaken kann.

Leider hat auch dies nicht funktioniert. Märthe war scheinbar überfordert. Also haben wir ihre Aufgaben so weit als möglich reduziert. Sie ist jetzt quasi nur noch „Teilzeit"-AuPair.

Ich habe ihr „Das Programm", das noch übriggeblieben ist, am PC getippt, mehrmals ausgedruckt, laminiert und an strategisch wichtigen Punkten im Haus (Pinnwand Küche, Haustür, Türen Kinderzimmer, am Esstisch auf Märthes Stuhl) platziert.

Ein Exemplar habe ich ihr persönlich in die Hand gedrückt. Sie hat mich schweigend angesehen und ist damit in ihr Zimmer gegangen.

Mein Mann findet mein Verhalten übertrieben und gemein, aber Märthe ist tatsächlich noch viel gemeiner.

Sie liest die Zettel einfach nicht!!

Jeden Morgen verabschiedet sie mich mit dem gleichen Satz: „Was ist das Programm für heute?"

Ich antworte ihr an jedem Morgen das Gleiche: „Silas zur Schule bringen, mittags abholen, Essen kochen, Herd ausschalten, Kinderbetreuung".

Während ich die Stichpunkte wie ein Mantra aus meinen zusammengepressten Lippen entweiche lasse, höre ich in meinem Kopf immer wieder diese eine spezielle Liedzeile aus

Grönemeyers „Was soll das". Dabei versuche ich krampfhaft meine Hand zu entspannen.

Wie ich als Pädagogin weiß, sind Rituale wichtig - für Kinder. Leider nützt dieses Wissen meinem Nervenkostüm wenig.

Evolutionsbiologisch betrachtet gibt es in Stress-Situationen zwei Möglichkeiten:

„fight oder flight".

Flucht ist keine Lösung und den offenen Kampf verbieten mein Verstand und meine Erziehung.

Ich bin in eine scheinbar ausweglose Situation geraten und Märthes Fragen hilflos ausgeliefert.

Genau betrachtet, hat „flight" jedoch noch eine weitere Bedeutung, nämlich „Flug". Immer öfter überlege ich, diese Alternative zu nutzen und Märthe auf ihre Insel zurückzuschicken. Bis jetzt ist es noch der „menschliche Faktor", wie meine Kollegin das nennt, was mich davon abhält.

Das Programm für heute

und alle anderen Schultage:

7.00 Uhr   „Dienstbeginn"

7.20 Uhr   Silas zur Schule bringen

→ Freizeit →

13.15 Uhr Silas abholen

     dann

     Mittagessen kochen für die Kinder

     Fleisch+Nudeln/Kartoffeln/Reis/ Gemüse

     danach

     mit den Kindern (**auch Konrad!**) spielen

15 Uhr   „Feierabend" = frei

Fluchtversuche

Eines Morgens entschließe ich mich tatsächlich zur Flucht. Ich schaffe es, mich mit Konrad aus dem Haus zu schleichen bevor Märthe in der Küche erscheint. Silas weiß, dass er etwa fünf Minuten alleine frühstücken muss, bis sie aus ihrem Zimmer kommt.

Konrad und ich gehen zum Auto und wollen losfahren. Zumindest haben wir es versucht.

Leider schaffe ich nur wenige Meter, dann sehe ich, dass Märthe wild gestikulierend hinter dem Auto herläuft, Silas läuft hinter Märthe her.

Ich halte an und warte mehr oder weniger gespannt darauf, welche schwerwiegenden Probleme in den drei Minuten, seit wir das Haus verlassen haben, aufgetreten sind.

„Märthe will dich bestimmt nur fragen, was das Programm für heute ist", versucht Konrad mich zu beruhigen.

Leider erfolglos!

Märthe bleibt, immer noch wild gestikulierend, hinter dem Auto stehen, also steige ich aus und frage, was los ist.

„Sie haben kein Brot geschmiert!"

„Was ist los?"

„Sie haben kein Brot geschmiert!"

Diesmal verstehe ich wirklich nicht.

„Silas kann nicht essen, sie haben für ihn kein Brot geschmiert."

Habe ich doch, zwei sogar, wie jeden Morgen. Also gehe ich zurück, um es zu beweisen.

Beide Brote sind weg. Wohin?

Dahin, wohin sie jeden Morgen verschwinden. Ein Brot durch den Mund in den Magen von Silas, das zweite erst in der Brotdose und die dann in der Schultasche.

„Wo ist jetzt das Problem, Märthe?"

„Ich dachte, Sie haben vergessen Brote für Silas zu schmieren."

„Wo ist jetzt das Problem, Märthe??"

„Silas kann nicht essen."

„Aber Mama, ich habe mein Brot doch schon gegessen. Das habe ich Märthe auch gesagt, aber sie ist einfach aus dem Haus gerannt", meldet sich Silas zu Wort.

Ich nehme einen Kugelschreiber und schreibe „bei Bedarf ein Brot schmieren" auf den Programmzettel in der Küche.

Ich kann nur den Kopf schütteln und will zurück zu meinem Auto.

Märthe hat noch eine Frage: „Was ist das Programm für heute?"

Leise beginne ich Grönemeyer zu summen ...

Märthe kocht wieder

Unsere Kinder haben sich über den wenig abwechslungsreichen Speiseplan beschwert, nach dem Märthe sie an den drei Tagen bekocht, wenn ich arbeite:

Dienstag:	9 Fischstäbchen mit Ketchup
Mittwoch:	12 Minibratwürste mit Ketchup
Donnerstag:	1 Kilogramm Reis

Das verstehe ich und beschließe, den Speiseplan neu aufzustellen.

Ich kaufe Schnitzel, die ich leider ohne eine Gebrauchsanweisung für die Köchin in den Kühlschrank lege.

Die Schnitzel, halbiert, gekocht und als Suppe ohne Einlage serviert, haben die Kinder wenig begeistert.

Danach habe ich Märthe gebeten, das Fleisch in Zukunft in der Pfanne zu braten. Wieder mache ich den gleichen Fehler und lege die Steaks ohne Gebrauchsanweisung in den Kühlschrank. Märthe schafft es, die Steaks in Schuhsohlen zu verwandeln.

In Kochrezepten kann man immer wieder die Anweisung lesen, die Soße zu reduzieren. Wie es Märthe allerdings gelungen ist, ein etwa zwei

Zentimeter dickes Schweinesteak auf drei Millimeter zu reduzieren, wird für immer ein Rätsel bleiben.

Man kann Märthes Kochkünste aber auch als Chance sehen, die es zu nutzen gilt, deshalb informiere ich mich abends im Internet über neues Kochgeschirr beziehungsweise Küchen. Wenn Märthe weiterhin kocht, werden wir uns in einem Jahr neu einrichten müssen.

Mein Göttergatte, leider wenig begeistert von meinen Plänen, ist ganz anderer Meinung: „Märthe muss etwas Einfaches kochen!".

Wir führen wieder ein Gespräch, das heißt, wir reden und Märthe schweigt. Allerdings, so sagt sie anschließend, möchte sie am nächsten Tag das Lieblingsessen der Kinder kochen.

Die Jungs sind begeistert:

„Wenn Märthe kocht, habe ich keinen Hunger", sagt Konrad und Silas wünscht sich „Das Grillfleisch von Papa".

Märthe ist überzeugt, dass sie Grillfleisch kochen kann, aber bei dem Gedanken an die Schnitzel vergeht mir jegliches Hungergefühl. Außerdem löst die Vorstellung von Märthe, alleine mit meinen beiden Kindern und einem offenen Feuer, bei mir eine Panik-Attacke aus.

Eine andere Lösung muss her!

Glücklicherweise hat der Supermarkt unseres Vertrauens gerade die 'Fix-Produkte für die schnelle Küche' eines bekannten Anbieters im Angebot. Dieses Angebot nutzen wir und füllen unseren Vorratsschrank mit Tüten auf.

Für Märthes Neustart in der kulinarischen Küche haben wir uns etwas Einfaches ausgesucht - denken wir!

Die Lieblingssuppe der Jungs soll es sein, diesmal mit Gebrauchsanweisung auf der Tüte:

1) 750 ml Wasser aufkochen

2) Inhalt der Tüte einrühren

3) Fünf Minuten kochen

Was wir dabei leider nicht bedacht haben, ist unsere unzureichende Küchenausstattung.

Der kleine Messbecher fasst nur 500 Milliliter. Der große Becher fasst zwar einen Liter, die Menge ist aber nur in Brüchen (¼, ½, ¾) angegeben. Folglich kann Märthe die Suppe nicht kochen.

Als Konrad aus der Schule kommt, hat er die rettende Idee. Er hat noch keine Bruchrechnung gelernt, aber er kann addieren. Wenn er den kleinen Becher erst mit 500 ml und dann mit 250 ml füllt, hat er anschließend 750 ml. Genau die richtige Menge Wasser im Topf, um die Suppe zu kochen. Was Konrad dann auch tut.

Habe ich bereits erwähnt, wie sehr meine Kinder durch unser AuPair zu mehr Selbstständigkeit erzogen werden?

Am zweiten Tag des kulinarischen Kochens mit Fix-Produkten stehen Spaghetti Carbonara auf dem Plan. Die Gebrauchsanweisung befindet sich wie immer auf der Tüte.

Ich habe leider vergessen, Märthe zu sagen, dass sie diese vor dem Kochen lesen soll!

Also gibt es Spaghetti à la Märthe:

500 Gramm Spaghetti in einem recht kleinen Topf mit viel Wasser aufkochen, so lange, bis sich rund um den Topf durch das überlaufende Wasser auf dem Ceranfeld ein fester brauner Ring bildet, dann den Inhalt der Tüte in den Topf schütten und umrühren. Genauso, wie es Konrad bei der Suppe am Tag zuvor auch gemacht hat.

Ich komme gerade rechtzeitig von der Arbeit nach Hause, um Märthe davon abzuhalten, den braunen Rand mit einem Messer vom Ceranfeld zu kratzen.

Ich wundere mich, warum der Topf so voll ist. Märthe behauptet, dass meine Kinder keine Spaghetti mögen.

Ich schaue mir die Spaghetti genauer an und verstehe meine Söhne. Heute habe ich auch keinen Appetit auf Spaghetti.

Märthe erklärt mit, sie habe vergessen zu lesen. Außerdem hätte ich ihr nicht gesagt, dass sie die Nudeln abwiegen muss.

Womit wieder bewiesen wäre, dass der Fehler nicht bei Märthe liegt.

Trotzdem wundere ich mich:

In den ersten drei Wochen hat Märthe gut gekocht, obwohl der Herd ständig „kaputt" war. Deshalb frage ich mich jetzt, ob sie es wirklich nicht (mehr) kann, oder einfach nur keine Lust mehr hat. Wahrscheinlich Letzteres. Da Märthe die meiste Zeit nichts isst, kann ihr egal sein, wie das Essen schmeckt.

Notiz für mich:

Auf dem „Programm für heute" das Wort „genießbar" vor „Mittagessen kochen" notieren.

Einseitiges Unbehagen

Mit den Wochen wachsen meine Zweifel, ob Märthe das richtige AuPair für uns ist. Statt Familienzuwachs haben wir einen Hotelgast bekommen, der Dauerpflege benötigt. Eine junge Erwachsene mit dem Verhalten eines pubertierenden Teenagers. Nicht umsonst werden wir immer wieder gefragt, warum wir ein 15-jähriges AuPair beschäftigen dürfen und wie das funktioniert, wenn sie nicht (Deutsch) spricht.

Nach langem Überlegen entscheide ich mich, die Agentur zu kontaktieren, zumal Märthe kurz zuvor dort das AuPair-Treffen besucht hat.

Ich rufe also an, um mich nach dem Eindruck zu erkundigen, den Märthe dort hinterlassen hat. Verwundert erfahre ich, dass dort eine aufgeschlossene, kontaktfreudige und kommunikative junge Frau angekommen sei.

Nach mehreren Rückfragen sind Frau M. und ich uns sicher, dass wir von der gleichen Märthe reden.

Ich schildere unsere Bedenken, Probleme und Katastrophen und höre, dass wir zwei Möglichkeiten haben: Märthe zu kündigen oder ein klärendes Gespräch mit ihr zu führen.

Nun, ein klärendes Gespräch zu führen ist schwierig, wenn der Gesprächspartner nicht spricht, aber vor dem Kündigen schrecken wir eigentlich zurück, weil wir Märthe nicht nach der zweiwöchigen Kündigungsfrist vor die Tür setzen wollen. Frau M. klärt mich auf, dass dies kein Problem ist, da Wechsel-AuPairs sehr begehrt sind, „da kurzfristig verfügbar". (Hat sich jemals jemand gefragt, warum die Mädchen wechseln?)

Außerdem sei das Unbehagen scheinbar nur einseitig, da Märthe erzählt hat, alles sei toll und sie würde sich bei uns wohlfühlen. Das ist sicher auch der Grund, warum sie sich achtzehn Stunden täglich in ihrem Zimmer einschließt.

Da Frau M. für ein persönliches Gespräch nicht zur Verfügung steht, bietet sie uns netterweise eine Telefonkonferenz an, was ich sehr sinnvoll finde, da Märthe (siehe oben) nicht mit uns sprechen will.

Ich stelle fest, dass nach dem Gespräch mit der Agentur mein Unbehagen nicht mehr nur einseitig, sondern mittlerweile auf das Doppelte angewachsen ist.

Wir nehmen Ihnen Ihr Problem ab, indem wir dieses Problem

a) nicht ernst nehmen

b) an den Nächsten weiterreichen.

c) Ihnen ein anders AuPair vermitteln

(→ Kosten siehe Rechnung Märthe).

Wenn es eilt, gerne ein Wechsel-AuPair, denn die vorherige Familie spürte ein einseitiges Unbehagen!

Das Telefon

Märthe mag unser Festnetztelefon nicht, da sie sich nicht merken kann, wie es funktioniert. Immer wieder wischt sie erfolglos über das Display, statt eine Nummer zu wählen, sprich die Tasten zu drücken. Deshalb geht sie auch nie ans Telefon, wenn es läutet.

Wenn jemand von uns zu Hause ist, ruft sie laut: „Das Telefon macht ringring!". Ist sie alleine zuhause, ignoriert sie das Klingeln.

Meistens.

Eines Nachmittags entdecke ich eine Nachricht aus der Grundschule auf meinem Handy. Silas fühle sich krank und müsse abgeholt werden. Ich hatte mein Handy wieder einmal nicht bei mir und deshalb den Anruf verpasst.

Zum Glück war es nur etwa eine Stunde vor Schulschluss, sodass der Patient nicht so lange im Krankenzimmer warten musste, bis Märthe ihn zur üblichen Zeit abgeholt hat.

Als ich nach Hause komme, liegt Silas im Schlafanzug im Bett und erzählt mir, er habe Bauchschmerzen und ein bisschen Durchfall – in der Schule schon gehabt. Deshalb hat er auch zuhause gleich geduscht und sich umgezogen, ganz alleine.

Unser AuPair ist nirgends zu sehen. Ich suche und finde sie in ihrem Zimmer - bei Facebook.

Märthe weiß (mal wieder) von nichts. Sie hat Silas wie immer abgeholt. Er hat gesagt, er möchte in sein Zimmer gehen und sich hinlegen. Märthe ist ebenfalls in ihr Zimmer gegangen – zu Facebook. Fall erledigt.

Aber sie muss dringend mit mir über das Telefon reden. Das Telefon hat ringring gemacht und Märthe hat es wie üblich ignoriert. Aber eine fremde Frau hat plötzlich mit ihr gesprochen. Einfach so, obwohl Märthe nicht telefonieren wollte und den Hörer nicht genommen hat. Dann hat die Frau Silas' Namen genannt und als Märthe doch das Telefon genommen hat, wollte diese Frau nicht mehr mit ihr sprechen.

Märthe ist wieder einmal empört über so viel Unverschämtheit.

Weil sie in ihrem Ärger immer schneller und schneller geredet hat und auch in Französisch, habe ich nicht wirklich verstanden, was passiert ist.

Märthe erklärt es nochmal und ich beginne zu verstehen: Jemand von der Schule hat auf den Anrufbeantworter gesprochen, um zu sagen, dass Silas abgeholt werden möchte.

„Aber ich verstehe nicht, warum hat diese Frau nicht mir gesagt?".

„Weil du zu spät ans Telefon gegangen bist."

Ich höre den Anrufbeantworter ab und Märthe ist fassungslos. Diese Frau spricht schon wieder und diesmal sogar, ohne dass das Telefon Ringring gemacht hat.

Silas geht am nächsten Morgen wieder zur Schule. Märthe hat vom Herrn Papa eine möglichst genaue Anleitung für eingehende Anrufe erhalten:

\# Grundvoraussetzung: Sprechen!

\# Wenn das Telefon ringring macht, den grünen Knopf drücken und den Namen nennen.

\# Zuhören und (ganz wichtig!) antworten.

\# Am Ende des Gesprächs den roten Knopf drücken.

Außerdem bekommt sie die ausdrückliche Anweisung auf jeden Fall ans Telefon zu gehen, wenn es klingelt. Es könnte sein, dass die Schule wieder anruft und Silas vorzeitig abgeholt werden muss.

Am nächsten Morgen als Märthe alleine ist, sagt das Telefon wieder ringring. Ich rufe an, weil ich wissen will, ob Märthe rangeht. Tut sie nicht! Sie nimmt ihre Jacke und läuft sofort zur Schule - und alleine wieder zurück, denn Silas geht es gut und er findet es in der Schule viel schöner, als alleine mit Märthe zu Hause zu sein.

Entwicklungsgespräch

Es ist wieder einmal Wochenende. Sonntag, um genau zu sein, kurz nach 13 Uhr. Heute gibt es ein spätes Mittagessen, und wir diskutieren mittlerweile darüber, wer Märthe zum Essen rufen muss oder ob wir sie überhaupt rufen.

Ich bin der Meinung, wir sind nicht das „Hotel zum heiratswilligen AuPair", das Madame zu Tisch bittet, wenn das Essen angerichtet ist. Ich erwarte schon ein bisschen Interesse an unserer Familie.

Mein Mann hält dagegen, dass wir am Wochenende keine festen Essenszeiten haben. Das stimmt zwar, aber auch dann kann man gegen Mittag in Erscheinung treten und sich nach dem Essen erkundigen.

Mich stört es, dass Märthe immer wartet, bis das Essen serviert wird, um uns zu den Mahlzeiten kurz mit ihrer Anwesenheit zu beglücken, wobei sie ihre XXS-Portionen auf dem Teller hin und her schiebt. Dann trägt sie im Eiltempo alle Teller in die Küche und verschwindet wieder nach oben in ihr Zimmer.

Meinen Mann stört es, dass ich in letzter Zeit oft schlechte Laune habe. Wir beginnen zu streiten. Zum ersten Mal fällt das Wort „Kündigung", das als Gedanke schon lange unausgesprochen durchs Haus schwebt.

Entweder es ändert sich etwas an der Situation, das heißt, Märthe ändert ihr Verhalten, oder wir starten Plan B. Dieser besagt, dass wir die Kinderbetreuung neu organisieren werden und unser AuPair gehen muss.

Da wir wissen, dass Märthe auf ihrer Insel alle Zelte abgebrochen hat und nur noch den Inhalt ihrer beiden Koffer besitzt, möchten wir sie nicht einfach so vor die Tür setzen. Der Herr Papa und ich beschließen noch einmal mit ihr über unsere

Erwartungen und ihre Aufgaben als AuPair zu sprechen.

In der Zwischenzeit ist eines der Kinder oben gewesen und Märthe erscheint zum Essen.

Nach dem Essen bitten wir sie wieder einmal zum Gespräch.

Ich formuliere ruhig und gefasst (und das ist jetzt wirklich keine Ironie) eine Ich-Botschaft:

„Liebe Märthe, ich ärgere mich darüber, dass ich dich immer zum Essen rufen muss und du immer nur zu den Mahlzeiten aus deinem Zimmer kommst. Ich habe den Eindruck, dass du kein Interesse an unserem Familienleben hast. Im Moment fühle ich mich gerade wie ein Hotelbesitzer, der seinen Gast bezahlt. Ich wünsche mir, dass du etwas Zeit mit der Familie verbringst, auch wenn du nicht auf die Kinder aufpassen musst.“

Märthe antwortet mit einem kaum hörbaren „Hm" und beglückt uns den Rest des Tages mit ihrer Anwesenheit, indem sie bis zum Abendbrot schweigend und mit beleidigter Miene auf ihrem Stuhl sitzen bleibt.

Auch an den folgenden Tagen nimmt sie am Familienleben teil. Sie sitzt weiterhin - nun mit Kopfhörern in den Ohren - in ihrer Freizeit schweigend am Tisch.

Bei ihrem Anblick muss ich an Paul Watzlawick denken und an seine Aussage, dass man „nicht Nicht-Kommunizieren" kann.

Was uns sie mit dieser Art der Kommunikation wohl sagen will?

Das geheimnisvolle Zimmer

Für ein AuPair-Zimmer gibt es bestimmte Mindestanforderungen: Es muss mindestens acht qm² groß sein und ein Tageslicht-Fenster haben. Außerdem braucht es eine Heizung und muss abschließbar sein.

Märthes Zimmer liegt deutlich über diesen Anforderungen. Sie hat zusätzlich einen PC, TV und Balkon.

Das Einzige, was Märthe in ihrem Zimmer (neben der Facebook-Standleitung) wirklich nutzt, ist der Schlüssel. Sie schließt sich ein, wenn sie drin ist, und schließt ab, wenn sie rausgeht. Selbst wenn sie nur das Gäste-Badezimmer nebenan benutzt, dreht sich der Schlüssel sechs Mal kurz hintereinander im Schloss.

Aus diesem Grund überlegen wir „Ausgeschlossenen" schon lange, was Märthe in ihrem Zimmer versteckt hält, das so gesichert werden muss. Wir haben folgende Vermutungen aufgestellt:

* Essensvorräte - sehr wahrscheinlich
* giftige Haustiere – wie eklig
* Brieffreunde - wäre möglich
*unerlaubte Substanzen oder eine kleine Plantage würden ihre „Sprechstunden" erklären

*Waffen - eher nicht, bei ihrem Fragebogen zur Visa-Verlängerung hat sie angekreuzt, dass sie keine Gewalttaten oder Terroranschläge plane

*einen Voodoo-Schrein?! Ja, böse, aber unser momentaner Favorit.

Im Internet habe ich gelesen, dass über 80% der Bevölkerung auf Märthes Insel trotz Katholizismus noch Voodoo praktiziert.

Das würde meine stressbedingten Magenschmerzen erklären, die kurz nach ihrem Einzug angefangen haben, ebenso wie das unerklärliche Nasenbluten, das Konrad und mich seit einer Woche immer wieder befällt. Das kann aber auch stressbedingter Bluthochdruck sein, sogar bei Konrad.

Vor kurzem habe ich eine tote Ratte in unserem Garten unter Märthes Balkon gefunden. Das kann aber auch Zufall oder eine Katze gewesen sein.

Nachdem Silas dann noch erwähnt hat, wie komisch er es findet, dass Märthe als „großes

Mädchen" eine Puppe gekauft hat, scheint die Voodoo-Theorie bestätigt.

Jetzt stellt sich mir noch die Frage, ob Voodoo nur wirkt, wenn man daran glaubt oder ob wir dem Voodoo-Zauber hoffnungslos ausgeliefert sind?

Später kommt Konrad und erzählt zu meiner Erleichterung, dass Märthe jetzt eine Barbie-Puppe hat und ihn gefragt hat, wann der nächste Barbie-Film im Fernsehen läuft.

Damit bleibt auch Voodoo nur eine Vermutung und Märthe weiterhin ein Mysterium.

Ein einziges Mal habe ich das Zimmer betreten seit Märthe darin logiert. Das kam so:

Vier Wochen nach ihrer Ankunft wollte Märthe die Bettwäsche wechseln, sie hat aber keine frische Wäsche im Schrank gefunden.

Ich saß nebenan an meinem Schreibtisch und habe erfolglos versucht in Ruhe zu arbeiten, als es klopfte. Märthe klopft auch an offene Türen.

Ich frage, was los sei, sie sagt, sie möchte Bettwäsche wechseln.

Ich sage ihr, dass oben im Mittelteil des Schrankes die Bettwäsche liegt.

Sie kommt zurück und sagt: „Sie verstehen nicht, ich möchte die Bettwäsche wechseln."

Ich sage: „Doch, ich verstehe, du möchtest dein Bett neu beziehen. Die Bettwäsche liegt im mittleren Schrank, oberes Fach. Das ist das Brett über der Kleiderstange."

Märthe geht und kommt kurz danach wieder, die Bettdecke hinter sich herziehend.

„Sie verstehen nicht, ich möchte das hier tauschen."

„Ja, Märthe, im mittleren Schrank ganz oben auf dem Regal."

„Nein, Sie verstehen nicht ..."

Die Frage ist, wer hier nicht versteht?

Also stehe ich auf, um ihr die Bettwäsche zu zeigen.

Zumindest versuche ich es.

Denn als ich das Zimmer betrete und mich dem Schrank nähern will, um die Bettwäsche aus dem oberen Fach zu holen, höre ich einen entsetzten Schrei: „Neeeeiiiin!!!!"

In diesem Moment rechne ich fest damit, dass Märthe mich anspringt und zu Boden reißt. Aber zu meiner Erleichterung hechtet sie an mir vorbei und stellt sich schützend vor den Kleiderschrank.

Ich fasse den Schrank nicht an, sondern zeige nur auf die mittlere Tür und sage: „Dahinter, ganz oben, da ist die Bettwäsche." Dann drehe ich mich langsam und vorsichtig um, damit ich Märthe nicht noch weiter erschrecke. Rückwärts, ohne sie aus den Augen zu lassen, verlasse ich das Zimmer, das ich seitdem nicht mehr betreten habe.

Die Bettwäsche hat Märthe im Laufe des Tages dann doch noch gefunden. Auf dem Weg ins Badezimmer konnte ich sie abfangen und musste sie fast zwingen, insistieren sozusagen, mir den benutzten Bettbezug für die Waschmaschine zu überlassen. Märthes Handwäsche mag gut sein, aber Bettwäsche hat meiner Meinung nach eine 60 Grad Maschinenwäsche verdient. Nach diesem für sie dramatischen Tag hat Märthe auf das Wechseln der Bettwäsche verzichtet.

Das Handy

Ich sitze im Wohnzimmer und falte Wäsche, als Märthe völlig unerwartet ihr Zimmer verlässt und sich ins Esszimmer setzt.

Ich bin verwundert.

Fünf Minuten später geht sie wieder, kommt aber gleich wieder zurück und legt ein kleines Kästchen vor mich auf den Couchtisch.

Ich falte weiter und warte ab.

Nach ein paar Minuten gemeinsamen Schweigens beginnt Märthe tatsächlich zu sprechen und erzählt, dass sie am Morgen mit einem „guten Freund", den sie „schon sehr lange kennt", verabredet war.

Nun besitzt sie ein neues, funktionstüchtiges Handy, mit dem sie sich nicht auskennt. Ich soll es für sie einrichten.

Irgendwie erinnert mich die ganze Sache an das Glätteisen, aber von Handy-Technik habe ich noch weniger Ahnung.

„Für den Technik-Support ist bei uns im Hause der Herr Papa, zuständig", erkläre ich Märthe. Ich empfehle, die Bedienungsanleitung zu lesen, das soll schon mal geholfen haben.

Märthe schaut mich schweigend an, greift nach ihrem Handy-Karton und geht zurück in ihr Zimmer.

Ich frage mich, warum sie mich nie bei den wichtigen Sachen um Hilfe bittet, zum Beispiel „Wie koche ich unfallfrei Wasser?" oder „Schadet es dem Parkett, wenn ich nass wische und die Pfützen nicht beseitige?"

Aber man muss eben Prioritäten setzen. Märthe first!

Eine halbe Stunde später, ich arbeite mittlerweile am PC, kommt Märthe wieder und setzt sich aufs Sofa. Schweigend.

Ich schweige zurück und schreibe weiter.

Kurz darauf fragt sie mich, ob sie im Fernsehen das Kinderprogramm schauen dürfe.

Ich schlage ihr vor, in ihrem Zimmer fernzusehen, weil ich hier arbeiten möchte. Sie will aber hier unten bleiben, weil der Fernseher in ihrem Zimmer angeblich nicht funktioniert. Um weitere Märthe-typische Diskussionen à la „Sie verstehen nicht ..." zu vermeiden, gebe ich nach.

Der Fernseher ist sehr laut eingestellt, Stufe 46 von 50, und wenn ich eine Kinder-Serie wirklich hasse, dann ist das „Alvin und die Chipmunks". Darum bitte ich Märthe, das Gerät leiser zu stellen. Sie schaltet auf 44.

Ich bitte sie, noch leiser zu stellen und sie erklärt mir, dass sie das bereits getan hat.

„Noch leiser, Märthe!"

„Hmm", sagt sie und stellt auf Stufe 40.

„Noch leiser, Märthe, Zimmerlautstärke biiitte, 25 ist laut genug."

„Aber ich habe doch bereits..."

„Dann eben nochmal Märthe, ich muss arbeiten und der Fernseher ist zu laut!"

Märthe stellt die Lautstärke auf 35. Ich gebe mich geschlagen und schalte den PC aus.

Aus dem Fernseher tönt lautstark der charakteristische „Aaaaaaalvin"-Schrei von Dave und in Gedanken schreie ich laut mit.

„Määääääääärthe!!!!"

Da die Jungs gleich vom Fußball-Training zurückkommen, gehe ich in die Küche, um das Abendessen vorzubereiten.

Etwa zeitgleich kommt unser Nachbar mit seinem Auto nach Hause und Märthe stürzt zur Haustür. Ich wundere mich erneut.

Gleich darauf kommt sie enttäuscht zurück. „Es war nur Günther", sagt sie mit Leidensmiene. „Ich verstehe nicht", antworte ich ihr.

Märthe setzt sich schweigend wieder auf die Couch.

Kurz darauf fährt ein Auto in unsere Einfahrt und Märthe rennt erneut nach draußen, reißt die Haustür auf und brüllt: „Papa, Herr Papa, Herr Papa ist zu Hause".

„Welch überschwänglich freudige Begrüßung", sage ich, während Märthe laut polternd die Treppe nach oben rennt.

Die Kinder kommen in die Küche und wollen wissen, was mit Märthe los ist. Ich habe keine Ahnung.

Wir hören sie die Treppe nach unten stürmen. Da sie nicht bis zur Küche kommt, gehen wir neugierig in den Flur.

Mein Mann steht mit verblüfftem Gesicht vor dem Garderobenschrank. Den einen Schuh hat er noch am Fuß, den anderen in der Hand. In der zweiten Hand hält er den Handy-Karton. Märthe steht neben ihm und strahlt ihn erwartungsvoll an. Mein Mann ist verwirrt.

Ich verstehe jetzt. Das Rätsel ist gelöst.

Sie hat nicht freiwillig so viel Zeit außerhalb ihres Zimmers verbracht, um mit mir zusammen zu sein. Das hätte mich schon sehr verwundert.

Märthe hat unser Wohnzimmer nur als Wartezimmer benutzt, um die Ankunft des Herrn Papa nicht zu verpassen. Der soll ihr nämlich das Handy einrichten. Jetzt sofort!

Das tut er auch, der Herr Papa. Schließlich möchte er nicht den ganzen Abend von Märthe und ihrem Handy-Karton verfolgt werden. Hinnehmen statt durchdrehen!

Nach einigen Startschwierigkeiten, weil Märthe wieder nicht versteht (wozu eine Bedienungsanleitung?), nicht weiß, wie ihr Google-Konto lautet und ihr Passwort nicht kennt, ist das Handy eingerichtet. Märthe weiß nicht, welche Apps sie haben möchte. Mein

Mann schlägt vor, als Sprache Französisch auszuwählen, dann versteht sie die Apps besser.

Ein cleverer Schachzug, denn der Herr Papa versteht jetzt nicht mehr, und sie muss alleine entscheiden oder ihre Schwester befragen, was sie auch tut – per Handy statt Facebook.

Märthe ist glücklich, kurzzeitig, denn anschließend hat sie kein Guthaben mehr auf der Prepaid-Karte und kann nicht mehr telefonieren. Enttäuscht zeigt sie dem Herrn Papa die Meldungen auf dem Display – in französischer Sprache.

Und der Herr Papa? Der sagt bedauernd: „Ich verstehe nicht..."

Was tut Märthe? Dreht sich wortlos um und geht in ihr Zimmer - zu Facebook.

Die Kündigung

Ein ganz normaler Sonntag. Wir sitzen auf dem Sofa, schauen mit den Jungs einen Film und Märthe trifft Brieffreunde.

Ganz nebenbei erwähnt Konrad, wie sehr er sich auf den Klassenausflug freut, zu dem der Papa ihn begleitet. Mir fällt ein, dass ich an dem gleichen Tag bei einer Weiterbildung bin, und Silas fragt erstaunt, wer dann auf ihn aufpassen soll?

Stimmt, das haben wir nicht bedacht.

Wenn beide Elternteile und der große Bruder den ganzen Tag unterwegs sind, heißt das, Märthe betreut etwa fünf Stunden lang Silas alleine – unmöglich!

Vor meinem inneren Auge sehe ich entsetzt den kompletten Film ablaufen:

Silas mit dem Roller auf und davon, während Märthe ihm schreiend hinterherläuft. In der Eisdiele hat sie ihn dann wieder eingeholt – und muss sein Eis bezahlen, welches er ohne Geld zu haben bestellt hat.

Auf dem Weg nach Hause ist Silas mit dem Roller wieder deutlich schneller als seine Aufpasserin. Bis er zu unserer Straße kommt und den Roller abstellt, weil er angeblich „nicht mehr kann". Märthe trägt dann den Roller (und manchmal auch seinen Besitzer) den Berg hoch zu unserem Haus.

Dort angekommen muss das völlig erschöpfte Kind ein oder zwei Nutella-Brote essen (bei uns eigentlich nur zum Frühstück erlaubt), weil es sooo großen Hunger hat und der Weg sooo weit war. Anschließend weint Silas, weil er seine Eltern vermisst und bekommt „hohes Fieber". Ein solches kann Märthe nur mit noch mehr Eiscreme aus der Familienpackung und einer Kindersendung im Fernsehen unter Kontrolle halten.

Komme ich dann nach Hause, liegt er frech grinsend auf der Couch, sieht fern und Märthe sitzt mit Leidensmiene neben Silas und drückt ihm einen Kühl-Akku auf die Stirn, um einen Kollaps zu vermeiden.

Das ist das Mittwochs-Szenario, wenn Märthe drei Stunden alleine mit Silas ist.

Es ist kaum zu glauben, aber allein mit Märthe mutiert das bisher bravste Kind der Welt (und das ist jetzt wirklich ehrlich gemeint) zum tyrannischen Satansbraten, dem sein AuPair scheinbar hilflos ausgeliefert ist.

Ich möchte mir gar nicht ausmalen, was in fünf Stunden alles passieren kann, wenn die beiden alleine sind. Darum rufe ich die Mutter seines Freundes Luis an, die Silas dann an diesem Tag nach der Schule betreut.

Als wir Märthe davon erzählen, ist sie entsetzt. Wenn sie ganz alleine zu Hause ist, hat sie Angst. Vor dem Telefon, das Ringring macht, vor dem Mann mit dem gelben Auto, der manchmal klingelt und Geschenke abgeben will, vor dem

Keller, ... und was, wenn es dann auch noch regnet?

Aber vielleicht kann sie sich ja mit einem Brieffreund treffen?

Mein Mann und ich überdenken noch einmal diese absolut absurde Situation. Sind wir Schauspieler in einer schlechten Reality-Soap? Wer schreibt so ein Drehbuch?

Wir brauchen eine Kinderbetreuung, damit unser Kind mit dem AuPair, von dem es eigentlich betreut werden soll, nicht alleine bleiben muss?

Gibt das irgendeinen einen Sinn?

Nein!

Warum haben wir dann ein AuPair???

Uns fällt keine passende Antwort ein und wir beschließen endgültig, Märthe zu kündigen.

Eine Kündigung muss in schriftlicher Form erfolgen und die Kündigungsfrist beträgt zwei Wochen. Aus diesem Grund beschließen wir, noch eine Woche zu warten, bis mein Urlaub beginnt. Wir wollen Märthe nach der Kündigung nicht mehr alleine zuhause oder bei den Kindern lassen.

Ehrlich gesagt habe ich Angst vor ihrer Reaktion. Wahrscheinlich wird sie nur „Danke" sagen und danach für den Rest der Zeit in ihrem Zimmer verschwinden. Aber nachdem ich erlebt habe, wie Märthe ihren Kleiderschrank verteidigt hat, halte ich sie für unberechenbar.

Eine Woche später bitten wir Märthe also wieder einmal zu einem Gespräch und teilen ihr mit, dass wir den Vertrag kündigen und sie uns in spätestens zwei Wochen verlassen muss, „da die Zusammenarbeit nicht unseren Erwartungen entspricht". So lautet der offizielle Text des Kündigungsschreibens und ist damit eine kurze neutrale Zusammenfassung der letzten drei Monate.

Märthe entgegnet, dass es ihr bei uns gefällt und sie hierbleiben wird. Sie will sich weiterhin um unsere Kinder kümmern.

Wir wollen genau das aber nicht, weil ein drittes, zudem noch schwieriges Kind in unserer Familienplanung nicht vorkommt. Natürlich habe ich das für Märthe etwas schöner formuliert.

Sie versteht nicht und schweigt uns an. Nach etwa dreißig Schweigeminuten steht sie auf und geht in ihr Zimmer.

Fünf Minuten später erhalte ich eine Nachricht von Märthes großer Schwester Viola. Diese ist auch mit einem Europäer verheiratet und managt die Verwandtschaft auf der Insel und im Ausland.

Mit ihr stehe ich seit Märthes Ankunft in Mail-Kontakt und dank des Google-Übersetzers klappt die überraschend wortreiche Kommunikation sehr gut. Schweigen scheint kein generelles Problem in der Familie zu sein.

Viola erkundigt sich regelmäßig nach Märthes Verhalten, bittet uns um Geduld, weil diese „noch sehr jung ist und viel lernen muss" und verspricht immer wieder, ihr ins Gewissen zu reden.

Verständlicherweise ist sie entsetzt über die Kündigung und möchte wissen, was passiert ist. Gleichzeitig gelobt sie (wieder einmal) Besserung für Märthe und bittet um eine zweite (nach der Sache mit der Schulfahrt eigentlich schon dritte) Chance.

Ich schreibe zurück, dass sich seit unserem letzten Gespräch (darin hat Viola mir bestätigt, dass Märthe schwierig und verwöhnt ist und mich erneut um Geduld gebeten) nichts geändert hat.

Märthe sitzt noch immer 18 Stunden am Tag eingeschlossen in ihrem Zimmer, spricht nicht und ist nicht in der Lage oder willens, sich vernünftig um unsere Kinder zu kümmern.

Daraufhin bittet Viola mich, ehrlich zu sein und ihr zu sagen, was Märthe Schlimmes gemacht habe, denn Märthe verstehe nicht.

Ich versichere ihr, dass Märthe nichts Schlimmes gemacht hat. Das Schlimme sei vielmehr, dass sie nichts selbständig machen kann oder will (außer ihre diversen Brieffreunde zu treffen, was ich Viola aber verschweige).

Sie verspricht Märthe noch einmal ins Gewissen zu reden, aber ich bekräftige, dass unser Entschluss feststeht. Wir haben kein gutes Gefühl, wenn wir Märthe mit unseren Kindern alleine lassen. Als besorgte große Schwester könne ich sie verstehen, aber als Mutter müsse sie auch mich verstehen, schreibe ich ihr zurück.

Viola zeigt Verständnis und bedankt sich dafür, dass wir Märthe nicht sofort vor die Tür setzen und zurück auf die Insel schicken.

Kurz danach erscheint Märthe wieder und teilt uns mit, dass sie einen Brieffreund treffen wird.

Sie muss die verbliebene Zeit nutzen, bevor die „Herberge zum heiratswilligen AuPair" ihre Türen endgültig für sie schließt.

Geisterstunde

„Weißt du, Mama", sagt Silas altklug, als wir den Tisch für das Mittagessen decken, „Märthe ist wie ein Geist. Wir können sie nicht sehen, aber wir wissen, dass sie da oben in ihrem verschlossenen Zimmer sitzt. Und wenn sie dann zum Essen kommt, dann ist das unsere Geisterstunde."

Er hat Recht und wenn Märthe in ihrer Muttersprache singt, verstärken die seltsamen Laute, die aus ihrem Zimmer kommen, diesen Eindruck noch.

Konrad findet die Idee mit dem Geist toll. „Ja, sie ist wie die maulende Myrthe aus Harry

Potter, nur, dass die spricht und in der Toilette wohnt."

Wie zur Bestätigung hört man oben im Zimmer wieder laute Geräusche, so als würde jemand Möbel verrücken. Ein Poltergeist?

„Du Mama?", fragt Silas, dem wir die Kündigung bisher verschwiegen haben, „Märthe wird aber nicht für immer bei uns bleiben, oder?".

Nein, wird sie nicht.

In ein paar Tagen wird sie ganz verschwunden sein und nur noch als Erinnerung durch unsere Köpfe spuken.

Rollenspiele

Es ist später Abend, eigentlich schon Nacht, und ich sitze am Schreibtisch, um endlich in Ruhe arbeiten zu können.

Da wir Märthe gekündigt haben, fühlt sie sich gar nicht mehr für die Kinderbetreuung zuständig und verbringt die letzten Tage fast dauerhaft eingeschlossen in ihrem Zimmer. Manchmal verlässt sie es doch, um mit Brieffreunden auszugehen, wie sie mir dann meist per Textnachricht mitteilt.

Da Ferien sind, habe ich Animation für die Kinder übernommen und meine Arbeitsphasen in die Nachtschicht gelegt.

Wie gesagt, sitze ich am Schreibtisch und versuche mich auf die Texte zu konzentrieren, als ich Märthe nebenan wütend aufschreien höre.

„Nein! Neeiin! Neeeeiiiinn!".

Erschrocken zucke ich zusammen, denn diese Tonlage kenne ich nicht. Ich überlege gerade, ob ich aufstehen und nachschauen soll, als sie weiterredet, noch immer sehr bestimmt und vor allem sehr laut.

„Nein, dass darfst du nicht. Das ist seehrr, seeehrrrr schlimm!"

Märthe telefoniert wahrscheinlich.

Ich frage mich mit wem, denn mit diesem Tonfall hätte sie sich auch bei unseren Jungs problemlos durchsetzen können. Nichts erinnert an das stimmlos Gehauchte, das wir sonst von ihr gewöhnt sind, falls ein Ton aus ihrem Mund kommt. Und schon geht es weiter:

„Ja, ich bin seeeehrrrrrr streng!"

(Seit wann das denn?)

„Seeehrrr, seeehrrrr streng und wenn du böseee bist, dann muss ich dich bestraaaafen!"

Mir fällt der Stift aus der Hand. Ich bin hier im falschen Film bzw. Hörspiel gelandet.

„Ja, du bist ein uuuungezogener Junge, und ich werde vorbeikommen und du bekommst Prüüügel von mir."

Jetzt bin ich doch dankbar, dass Märthe mit unseren Jungs so nicht redet.

Außerdem beschließe ich, heute Abend nicht mehr zu arbeiten. Ich kann mich einfach nicht weiter konzentrieren, wenn im Nebenzimmer „Märthes Shades of Grey" aufgeführt wird.

Dieses Kopf-Kino verspricht Migräne der grausamsten Art.

Während ich verzweifelt versuche, an süße Hundewelpen zu denken, stelle ich mir folgende Fragen:

- Führt Märthe ein heimliches Doppelleben?

- Ist auch das nur eine der vielen Rollen, die sie spielt, um zu gefallen?

- Wer, wie, was ist die echte Märthe, die hinter der Fassade steckt?

- Hat sie eine multiple Persönlichkeitsstörung, die bisher noch nicht diagnostiziert ist?

Wir werden es wahrscheinlich nie erfahren. Zudem spielt das für unsere Familie in wenigen Tagen sowieso keine Rolle mehr.

Und das ist auch gut so!

Der (vor)letzte Tag

Märthes letzter Tag sollte ein Samstag sein. Zu unserem Bedauern wird sie aber nicht wie geplant am Sonntagmorgen nach dem Frühstück, sondern erst um halb fünf Uhr nachmittags abgeholt. Sie muss vorher noch zur Kirche und sich dann von einem Freund verabschieden.

Märthes letzter Tag wird also der Sonntag sein, was eigentlich egal ist, da wir sie seit der Kündigung nur gesehen haben, wenn sie wegen eines Treffens mit Brieffreunden um Erlaubnis gefragt hat, das Haus verlassen zu dürfen.

Zu gerne hätte ich einfach einmal „Nein!" gesagt – nur um ihre Reaktion zu testen. Leider bin ich zu alt für diese Kindereien.

An diesem (vor)letzten Tag erscheint Märthe mit unserem Bügeleisen zum Frühstück. Sie wollte am Vortag noch einmal bügeln, aber jetzt ist das Bügeleisen nicht mehr heiß.

Ich empfehle ihr, den Stecker in die Steckdose zu stecken, denn Strom hilft bei Elektrogeräten.

Sie sieht mich eine Weile schweigend an, dann sagt sie mir, der Stecker sei in der Steckdose gewesen. Ich versuche es trotzdem mit Stromzufuhr, aber das Bügeleisen bleibt kalt.

Der Herr Papa kommt in die Küche und Märthe erzählt ihm das Gleiche. „Das Bügeleisen ist heute kalt, obwohl der Stecker in der Steckdose war, seit ich gestern Nachmittag gebügelt habe."

„Immer? Der Stecker war immer in der Steckdose?"

„Ja, die ganze Zeit. Und jetzt ist das Bügeleisen plötzlich kalt. Ich weiß nicht, warum ..."

Mein Mann und ich sehen uns an. Vermutlich ist das Bügeleisen überhitzt und durchgebrannt.

Märthe versteht nicht, bietet aber an, das Bügeleisen in die Reparatur zu tragen, wenn sie ihren Brieffreund besucht.

Der macht heute eine Abschiedsparty für Märthe, mit allen ihren Freunden. Ich wüsste gerne, ob da auch Freundinnen dabei sind?

„In welche Reparatur?", frage ich.

„In die Reparatur, ich kann mitnehmen in die Reparatur."

„Wohin, Märthe?"

„Ah, ich weiß nicht..."

„Ist schon gut, Märthe, wir entsorgen das Bügeleisen selbst."

„Dann gehe ich gleich zu der Abschiedsparty und ich komme nicht zum Essen zurück", informiert uns Märthe.

Wir sind dem Freund sehr dankbar für den Märthe-freien Tag, das sagen wir ihr aber nicht.

Unser Noch-AuPair entschwindet und ich rege mich über mein kaputtes Bügeleisen auf. Mein Mann bleibt ruhig und meint, ich solle froh sein. Schließlich sei nur das Bügeleisen durchgebrannt, sie hätte uns damit auch das

Dach über dem Kopf anzünden können. Positiv denken, nur noch ein letzter Tag.

Märthe kommt mit einer Jacke noch einmal zurück in die Küche und bittet uns, dass sie jetzt zu der Abschiedsparty gehen darf.

Darf sie. Möglichst jetzt sofort, bitte!

Wir feiern unsere Abschiedsparty am Sonntag kurz nach halb fünf, nachdem wir den Rücklichtern von Märthes neuer Familienkutsche hinterher gewinkt haben.

Abschiedssch(m)erz

Endlich kommt die neue Gastmutter, um Märthe abzuholen. Der Herr Papa trägt die Koffer zum Auto und stellt sie in den Kofferraum. Märthe läuft hinterher, stellt sich an die hintere Tür und schaut den Herrn Papa erwartungsvoll an. Der sagt „Tschüss" und geht zurück zur Haustür, gefolgt von Märthes verblüfftem Blick.

„Ich kann nicht einsteigen!", ruft sie ihm hinterher.

„Du musst am Türgriff ziehen, dann öffnet sich die Tür", rate ich ihr.

Aber die andere Gastmutter erbarmt sich und öffnet für ihr neues AuPair die Autotür. Zum Glück für Märthe gibt es in dieser Familie nur ein Kind, so dass ihr ein Platz auf dem Rücksitz sicher ist.

Die Gastmutter kommt zurück, um sich zu verabschieden, und fragt noch, warum Märthe uns verlässt. Ich erzähle ihr, dass sie nicht mit uns spricht und die Chemie zwischen ihr und Konrad nicht stimmt. Das ist zwar nur ein kleiner Teil der Wahrheit, doch ich habe Angst, dass die neue Familie ohne Märthe abfährt, wenn ich zu ehrlich bin. Das möchte ich auf jeden Fall vermeiden.

Wir verabschieden uns und die neue Gastmutter will von Silas wissen, ob er nicht traurig sei, dass Märthe jetzt geht.

„Nein, überhaupt nicht", antwortet er voller Überzeugung, „und können Sie jetzt bitte endlich fahren, dann können wir weiterspielen."

Der Wink mit dem Zaunpfahl ist erfolgreich. Das Auto der Gastfamilie verschwindet mit unserem ehemaligen AuPair auf dem Rücksitz aus unserer Sichtweite und Märthe damit aus unserem Leben.

Zur Sicherheit haben wir „Tschüss" und „Alles Gute" gesagt, nicht „Auf Wiedersehen".

Anstelle eines Epilogs

Märthes Märchen

Es war einmal ein Mädchen, das lebte auf einer Insel im weiten Ozean. Die Insel hatte alles, was man zum Leben brauchte. Aber da sie recht klein war, träumte das Mädchen davon, die große Welt zu erkunden.

Nur wenigen Menschen war es bisher gelungen, diese Insel zu verlassen, aber alle, die es geschafft hatten, erzählten in ihren Briefen von den vielen Chancen und Möglichkeiten, die sie außerhalb der Insel gefunden hatten.

Das Mädchen hatte keinerlei Vorstellung davon, wie das Leben woanders aussah, aber darüber machte es sich keine Gedanken. Es wollte einfach nur weg von der Insel, weiter gingen seine Zukunftspläne nicht.

Eines Tages kam eine Fee und versprach dem Mädchen zu helfen. „Wenn du dich nur genug anstrengst, kannst du durch reine Willenskraft in ein anderes Land reisen und dort ein gutes Leben führen", versprach sie ihm.

Das Mädchen strengte sich sehr an und so gelang es ihm tatsächlich, in die große weite Welt zu reisen.

Leider hatte es bei all der Anstrengung, die Insel zu verlassen, nicht bedacht, dass es die Chancen und Möglichkeiten, die sich ihm bieten, auch nutzen muss.

Doch das Mädchen war noch recht jung und glaubte daran, dass Märchen wahr werden. Schließlich hatte die Fee ja schon einmal geholfen. Und wie es aus den Märchen wusste, kommt am Ende immer ein Prinz daher, der auf der Suche nach einer Gemahlin ist.

Das einzige Ziel des Mädchens war es deshalb, diesen Prinzen zu treffen und sich heiraten zu lassen. Damit, so dachte es, wäre es versorgt, alle Probleme wären gelöst und es müsste sich nie wieder selbst um irgendetwas kümmern.

Da dieses Märchen ein modernes Märchen ist, benutzte das Mädchen das Internet, um potentielle Prinzen kennenzulernen.

Jeden Tag, manchmal auch mehrmals, sah man es zu einem vereinbarten Treffpunkt laufen und auf einen Prinzen warten. Es kamen viele Prinzen daher, aber es war keiner darunter, der gleich beim ersten Treffen heiratswillig gewesen wäre.

So machte sich das Mädchen Tag für Tag unverdrossen auf den Weg, um endlich einen Prinzen zu finden, der heiraten wollte.

Dabei übersah es aber all die anderen Chancen und vielen Möglichkeiten, die das Leben ihm angeboten hat.

Und wenn noch kein Prinz das Mädchen geheiratet hat, dann steht es heute noch dort und wartet.

Und neben ihm steht traurig sein Leben und wartet noch immer darauf, gelebt zu werden.

Und die Moral von der Geschicht' :
Ohne vernünftigen Plan verlass' die Insel nicht!

The (un)Happy-End

Danke !

Auch wenn sich die Texte gefühlt fast von alleine geschrieben haben, gibt es einige Menschen, ohne die ich dieses Buch nie veröffentlicht hätte.

Der erste Dank geht an Nicole H.
Du warst meine erste Leserin, Kritikerin und Lektorin. Du warst auch meist die Erste, der ich morgens mein Schicksal klagen konnte. Danke für deine Anteilnahme, Begeisterung, Ermutigung und für deine Zeit, die du in meine Texte gesteckt hast.

Danke an Petra M., Andrea S. und Christel B., meine Donnerstag-Frauen. Einmal pro Woche musstet ihr meinen Frust und meinen Unmut mit mir teilen, was ihr stets klaglos getan habt.

Danke, dass ihr immer ein offenes Ohr für mich (und meine Storys) hattet. Danke für euer Verständnis, eure Aufmunterung und manchen guten Ratschlag.

Ein riesengroßes „Dankeschön!" geht an Uta B.
Du warst und bist mein Plan B. wie „Bring die Kinder vorbei".
Danke für die Gespräche und den Kaffee und für deine Unterstützung, wenn mal wieder Not am Mann bzw. an der Frau war und immer noch ist. Ohne dich würde ich wahrscheinlich immer noch an Plan A(uPair) verzweifeln und manchmal schreiend durch den Wald laufen.

Das Beste kommt zum Schluss: Meine Familie !
        Konrad, Silas und der Herr Papa
Ihr habt nicht nur die drei Monate mit Märthe mehr oder weniger klaglos durchgehalten, sondern dann auch noch einige Wochen meine „Schreiberei" an diesem Buch ertragen.

Danke für eure (Un)Geduld, die mich immer wieder angetrieben hat, dieses Buch und damit auch das Kapitel „Märthe" abzuschließen.

Mony Mürr, im Dezember 2018

Nachtrag

Ich habe kurzzeitig überlegt, ob ich auch Märthe danken muss, ohne die dieses Buch nicht möglich gewesen wäre.

Aber das wäre wohl zu viel des Guten.

ENDE

monys-aupair@t-online.de

FSC
www.fsc.org
MIX
Papier | Fördert
gute Waldnutzung
FSC® C083411

Zeitfracht Medien GmbH
Ferdinand-Jühlke-Straße 7
99095 Erfurt, Deutschland
produktsicherheit@kolibri360.de